辺境メシ

ヤバそうだから食べてみた

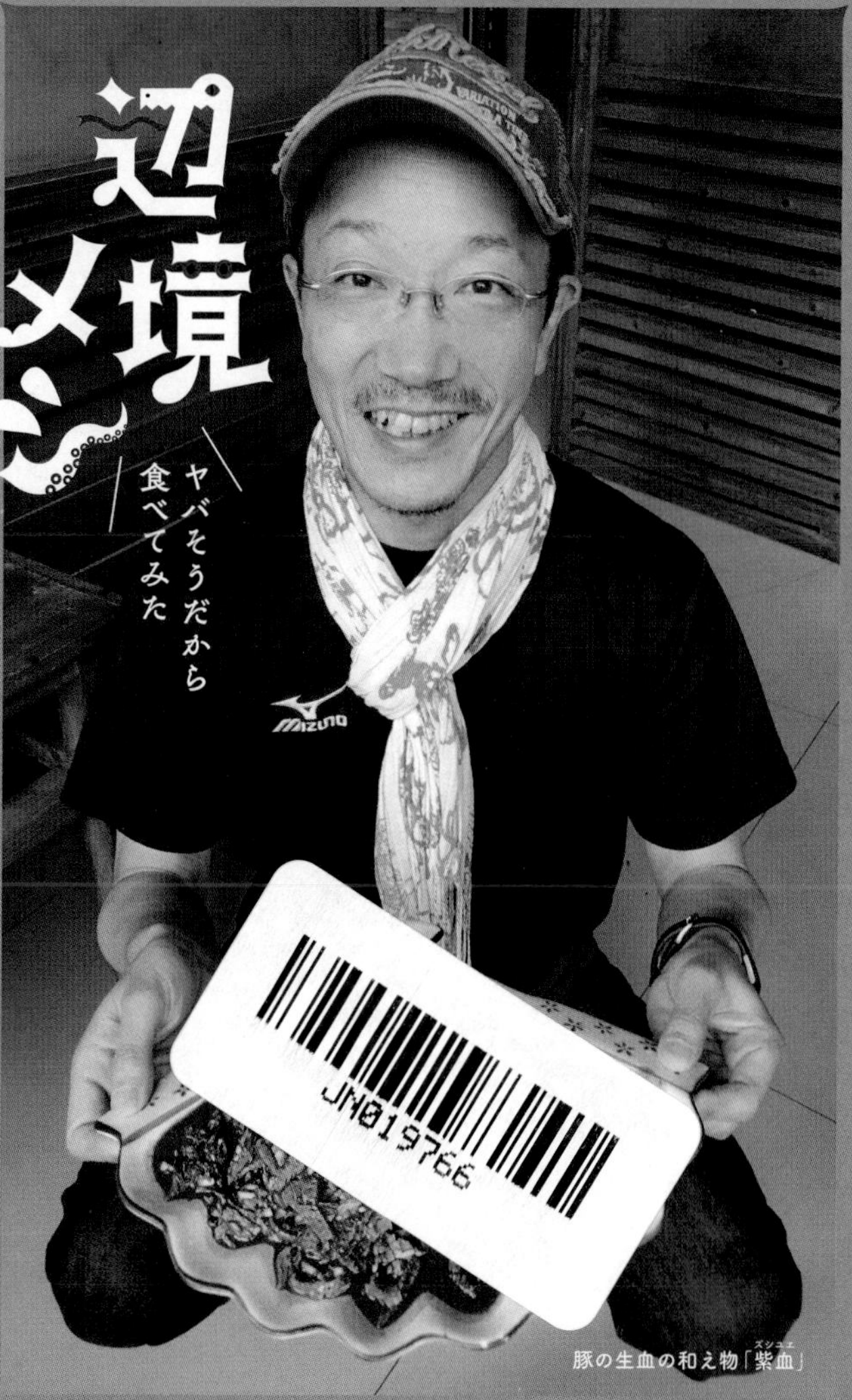

豚の生血の和え物「紫血《ズシュエ》」

食の
ワンダーランド
アジア

元首狩族ナガのマイルドな「熟成納豆」

発酵しすぎて身体に衝撃が走る「超熟納豆」

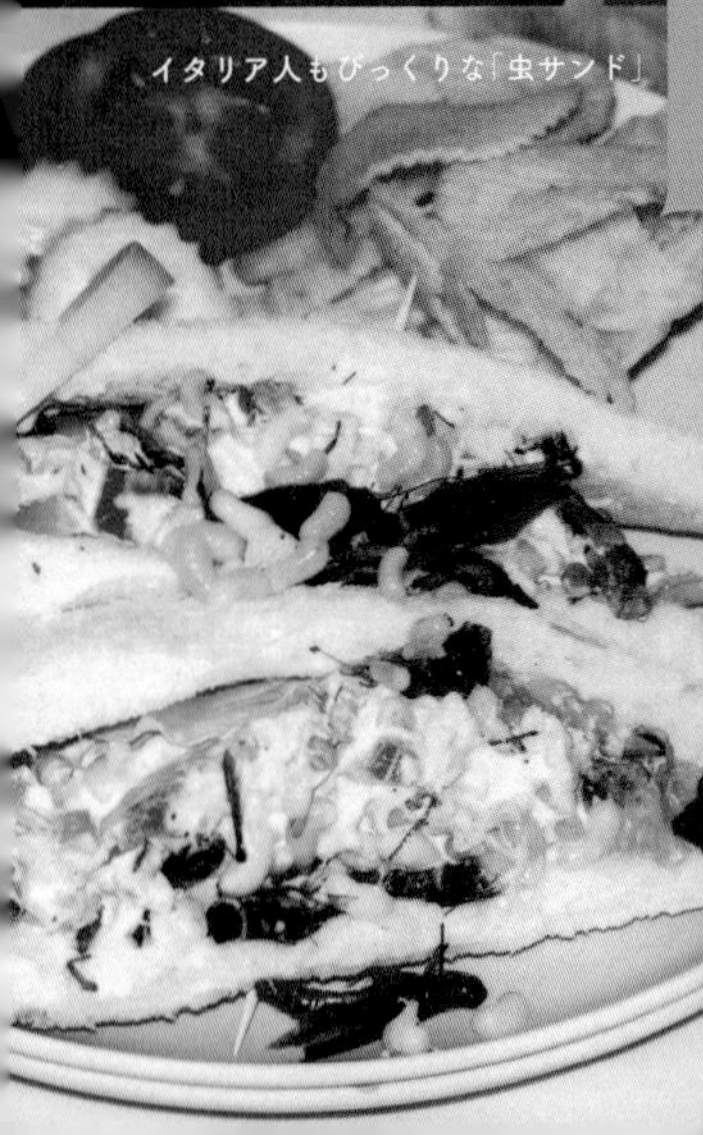
イタリア人もびっくりな「虫サンド」

ダイナマイト漁でつくるミャンマーのゲリラ飯

世界遺産の真ん中で水牛を丸ごと喰らう

脊髄（調理前）

生肉

水牛の頭丸ごとプディング

リンパ液プディング炒め

皮

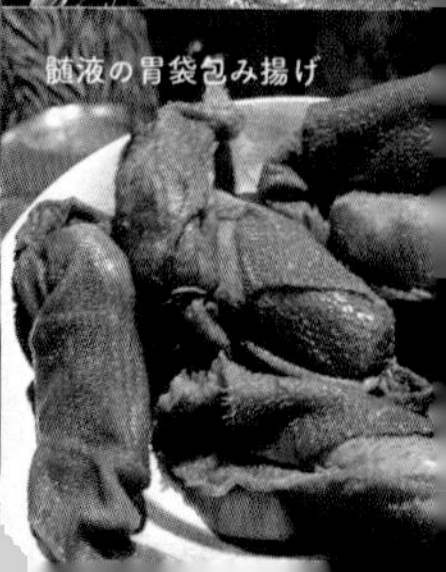
髄液の胃袋包み揚げ

ワイルドな食道楽

✦

アフリカ

ラクダ肉の塊をもつ市場の肉屋男子

イートインの肉屋で生肉をむさぼる

屋台でカートの束を買う

文明発祥の地で
人は何を食べていた？
中東

メソポタミアの粘土板焼きせんべい

街頭の「鯉の円盤焼き」

魔境の食卓へようこそ——南米

口噛み酒を作製している先住民の女性

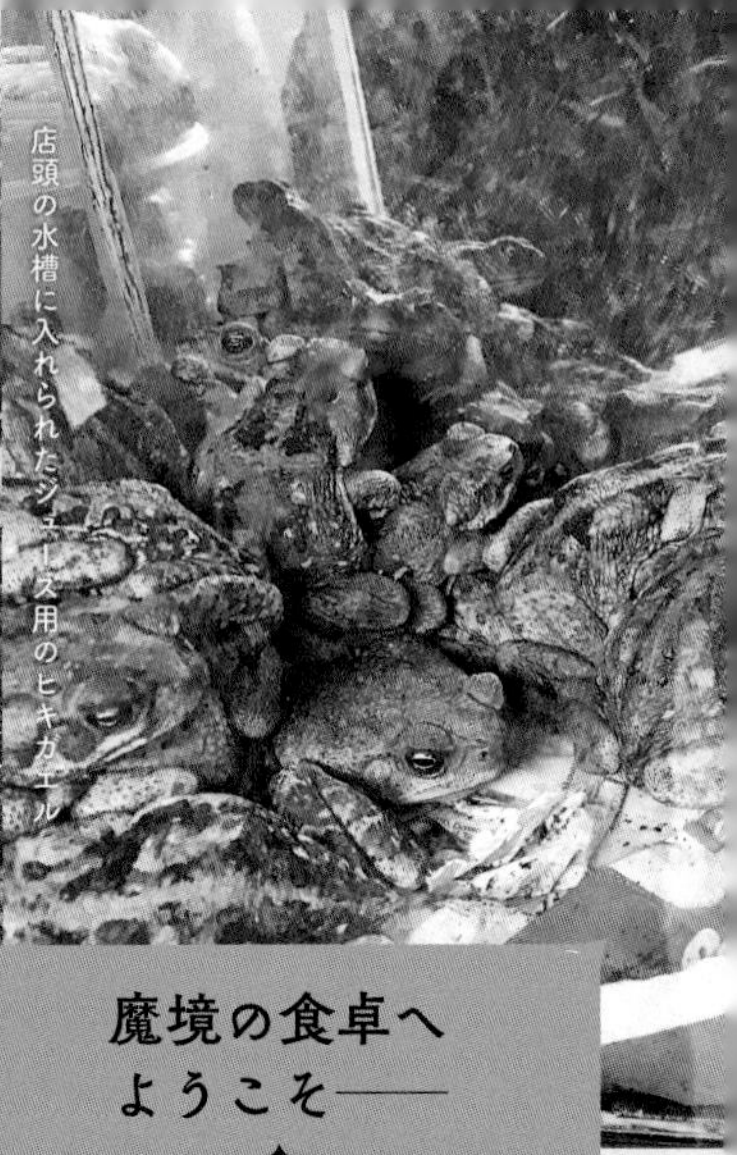

店頭の水槽に入れられたジュース用のヒキガエル

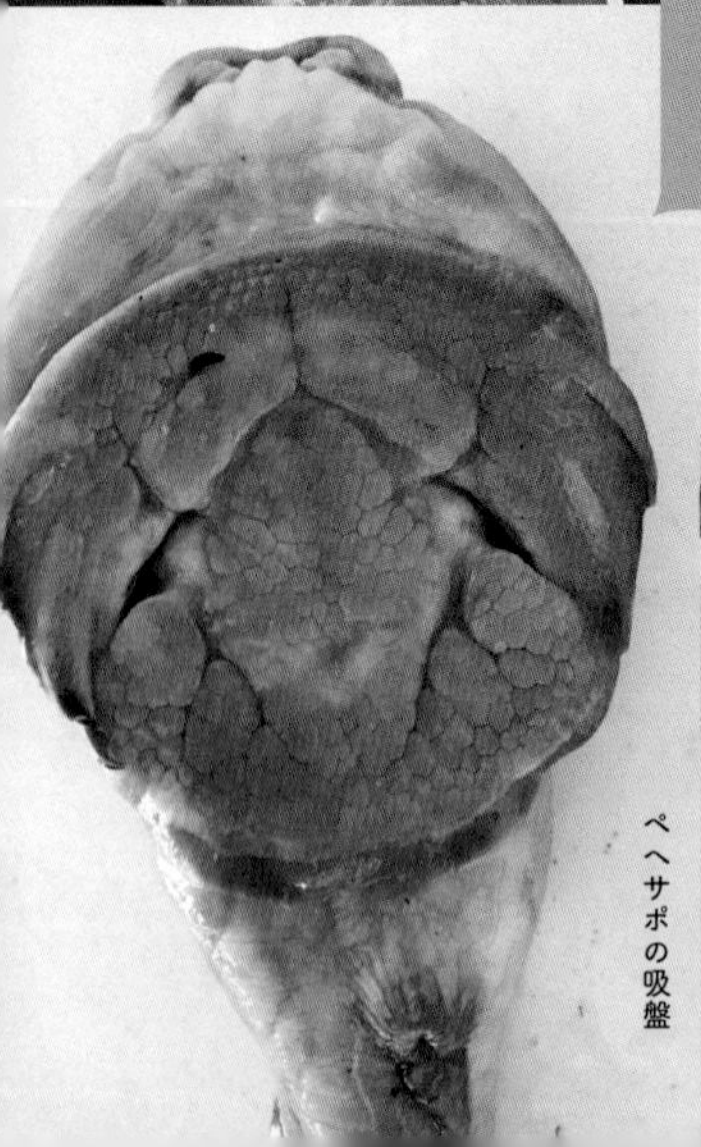

ペヘサポの吸盤

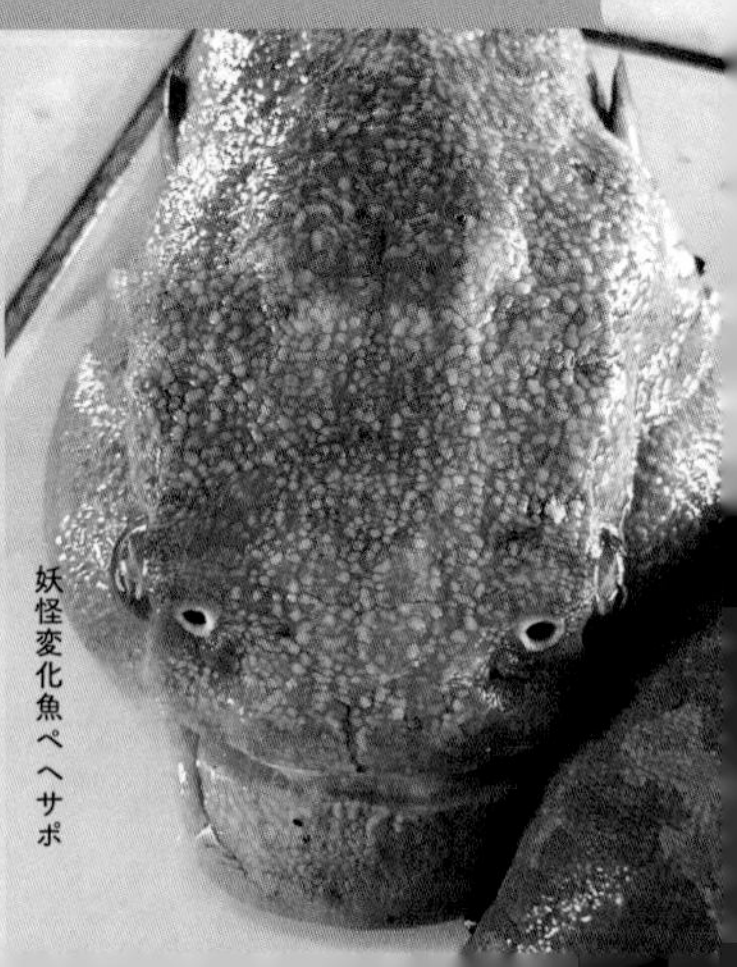

妖怪変化魚ペヘサポ

市場で蛇（ボア）をさばく女性

アンデスの名物「クイ（モルモット）の串焼き」

文春文庫

辺境メシ

ヤバそうだから食べてみた

高野秀行

文藝春秋

はじめに

子供の頃から胃腸が弱く、好き嫌いも多かった。

動物の内臓（モツ）や皮、キノコ（特にシイタケ）、香辛料の効いたもの、漬け物や外国のチーズなど、ちょっとでも見かけがグロテスクだったり、臭かったり、クセがあるものは全然受けつけなかった。

それが一気に変わったのは大学探検部の遠征でアフリカ・コンゴへ行ったときだった。やむをえない事情から、サル、ゴリラ、ヘビなどの野生動物を片っ端から食べるはめになった。他に食糧がないから、食べないわけにはいかない。当時は毎日のように「こんなものも食うのか」と驚いていた。

でも、いざとなれば食べられてしまうし、けっこう美味《うま》かったりもする。

これが人生における「食ビッグバン」となった。

コンゴから帰ると、好き嫌いは一切消滅していた。シイタケやモツなど、毛がからまったチンパンジーの肉に比べたら鶏のささみのように素直な食品に思える。食の可動域が極端に広くなったのだ。

もし関節の可動域が急に広がれば、誰もがいろいろなことを試してみるにちがいない。

上海雑技団のように背中をそらせて足の間から顔を出してみたり、針金細工のように複雑なヨガのポーズをとってみたくなるだろう。

同じことが私にも言えて、食の可動域が広がると、いろいろなものを食べてみたくなる。実際、辺境の地へ行くと、日本の都市部では考えられないような料理や酒が食卓にのぼる。

「こんなもの、食うのか」とやっぱり驚くし、「ヤバいんじゃないか」とも思うが、現地の人たちが食べているのを見ると一緒に食べずにはいられない。食べてしまえば意外に美味いことが多い。すると、また食の可動域が広がった喜びに包まれる。

感覚が「ヤバそうだけど食べてみよう」からやがて「ヤバそうだから食べてみよう」に変わっていく。人間、こうなると歯止めがきかない。

だが、「なんでも食べられる」ことは、実は私の仕事にとって欠かせないスキルでもある。

環境や文化が全く異なる人たちのところに行って溶け込むために最も大切なことは、その人たちと同じ生活をすることだ。つまり、同じものを同じように食べ、なるべく彼らの言語を話し、同じ場所で寝て、一緒に歌ったり踊ったりする。

私たちだって、そうだろう。ナイジェリア人とかベルギー人がうちに来たとして、彼らが私たちと一緒に納豆や刺身をぱくぱく食べて「オイシイ！」と片言の日本語で言うのと、「ノー、そんなキモチワルイものは食べられない」と英語やフランス語で断り、遠目で眺めているのと、どちらが親近感を覚えるだろうか。答えは言うまでもない。ただ、いつもそれが良い結果を生むわけではない。

コンゴに四回目に行ったときは長距離バスの中でサルの燻製肉がまわってきた。誰かが大きな固まり肉を持ってきて、まるでみかんかせんべいをお裾分けするかのように、車内の客に分けていたのだ。一人ずつガブッと嚙みちぎっては隣の客に手渡す。

私も躊躇《ちゅうちょ》なくそれを食べたところ、乗客の人たちから歓声があがった。「外国人がサル肉の回し食いなど絶対にしない」と思っていたのを覆されたからだろう。こうなると、一気にその世界に溶け込むことができる。だが、溶け込みすぎて、カネをたかられたり、騙《だま》されたりもした。現地に溶け込むとは、食い、食われすることだから、しかたないのだが。

そうこうしているうちに辺境旅も三十年以上が過ぎ、いつの間にか莫大な数の奇食珍食が私の体を通過していた。正直言って、日本人でこれまで私ほどへんな食べ物を食べた人は何人もいないんじゃないかと思う。

週刊文春で連載を行う機会を得たので「ヘンキョウ探検家 高野秀行のヘンな食べもの」と題して、今までの体験を書き綴ってみた。中にはこの連載のためにわざわざ取材して食べたものもある。おかげで生の虫とか口嚙み酒みたいなへんなものまで飲み食いしてしまった。また、中には「これ、食べ物じゃないんじゃないか?」というものもあるが、「口から摂取するもの」は広く「食べ物」に含めることにしたい。

注意してほしいのは、食事中に読まないこと。中には強烈な刺激を伴うものもある。

最後に言い添えておくと、私は今でも胃腸が強くない。日本でも外国でもよく腹を壊して寝込んでいる。でも、それで食べることに手加減、いや腹加減はしない。ひどい下痢でも二、三日苦しめば、まず治るのだ。そんなことより、自分の知らない食の世界を知ることのほうがよほど面白くてワクワクするのである。

I　アフリカ

ゴリラを食った男の食浪漫

INDEX

II 南アジア

怪魚、水牛、密造酒……爆発だ！

III

東南アジア

思わずトリップするワンダーフード

Ⅳ 日本

猛毒フグの卵巣から古来のわに料理まで

V 東アジア

絶倫食材に悶絶した日々

VI 中東・ヨーロッパ

臭すぎてごめんなさい

VII 南米

魔境へようこそ——

辺境メシ

ヤバそうだから食べてみた

I アフリカ

ゴリラを食った男の食浪漫

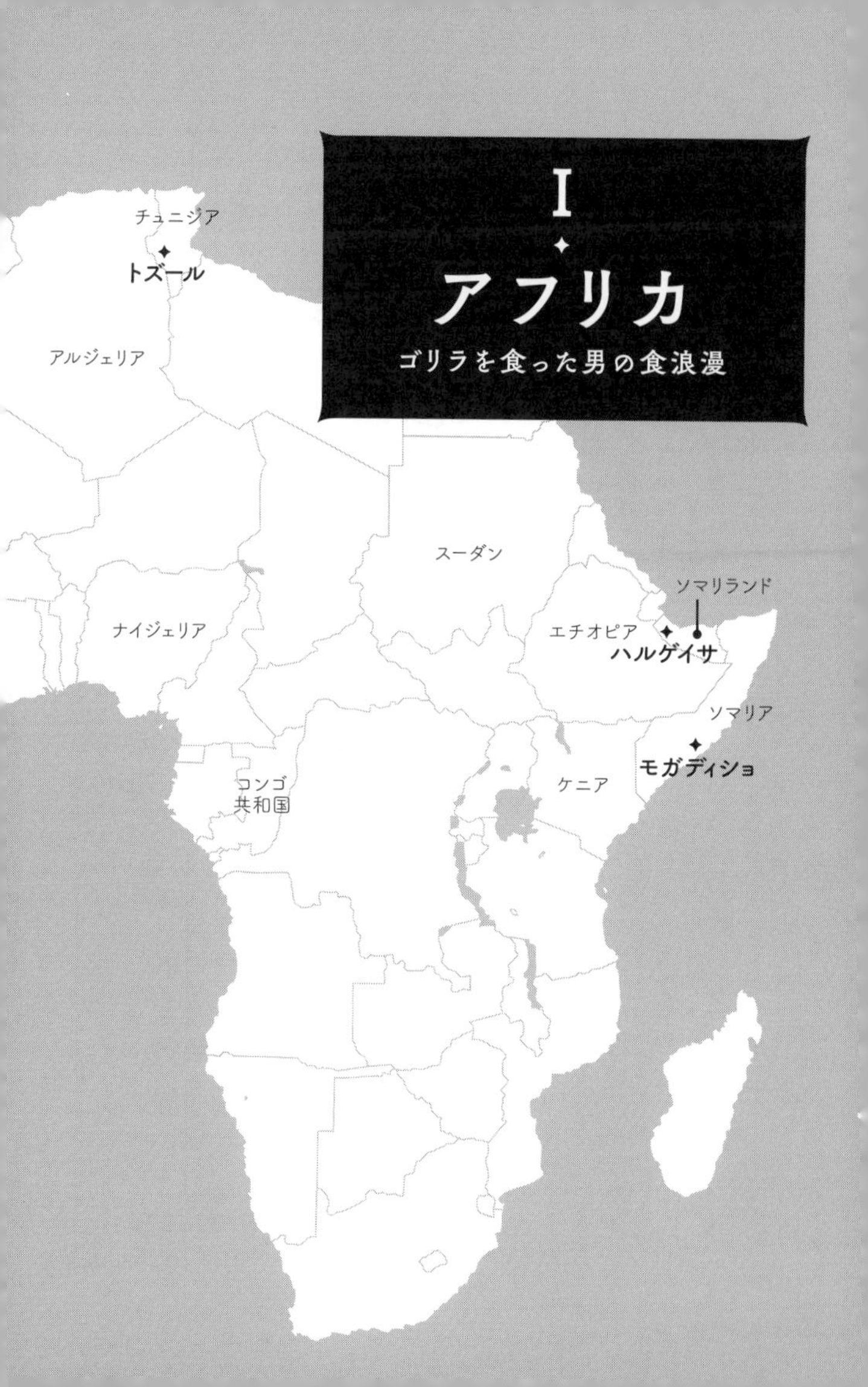

ジャングルでゴリラを食ったやつ

アジア・アフリカを中心とした辺境地をかれこれ三十年、旅している。普通の日本人が口にできないようなものや、口にしたくもないというものも食べてきた。

じゃあ、いったいどんなものを食べたの？　と言われて返答に躊躇するのは、記憶に残る代表的な料理や食材を挙げていくうち、「ゴリラの肉」と言うと相手が驚愕し、全ての会話が止まってしまうから。以後、何時間話しても私のことは「ゴリラを食ったやつ」としか認識されない。

でも、いずれはそうなるのだからあえて最初に言っておこう。それは一九八〇年代の終わり、早大探検部の仲間達とアフリカのコンゴ共和国に行ったときだった。

コンゴの密林の村では昔からゴリラを食べる習慣があった。ゴリラを食べるというと、「なんて野蛮な」とか「残酷だ」などと思うかもしれないが、ここの人々は私たちが訪れる少し前まで、銃ではなく槍でゴリラを狩っていた。

村の人に聞いたやり方がまた凄い。ゴリラには決まった通り道があり、優れた狩人はその道を発見すると、大きな木の陰に隠れてひたすら待つという。そして、ゴリラが近づくと、パッと前に飛び出て手にした槍で突く……。

もし一発で仕留められない場合、当然ゴリラは逆襲するだろう。その場合、狩人が勝てる見込みは少ない。つまり、そのように〝対等な戦い〟をこの地の男たちはゴリラに挑んできたのだ。昔の日本人が鯨や熊を命がけで獲っていたのと同じだ。今の都市文明に生きる私たちの基準で軽々に善悪の判断を下すべきではないと思う。

私たちがジャングルの真ん中にある湖のほとりでキャンプしていたときも、案内役の村人たちはゴリラが吠える声や、胸を叩いたりする音を耳にすると「ハッ！」という顔をして槍をとっさにつかんでいた。今でも槍でやる気満々なのだ。

だが、そこで彼らを制止したのは、私たちに首都から同行していたコンゴ人動物学者、通称「ドクター」だった。ドクターは彼らに「ゴリラは国際保護動物だ。狩って食べてはいけない」と繰り返し言い聞かせていた。村の人たちにとって国際保護動物など全く理解できない概念だったはずだが、都会から来た偉い人の言うことだからと、殊勝に言いつけを守っていた。

ところが、ある日、湖の反対側からダダダダダッという銃が連射される音が聞こえた。まもなくして、丸木舟でゴリラの死体が運ばれてきた。なんということか、殺したのは動物学者のドクター。ゴリラの観察に出かけたのはいいが、近づきすぎてゴリラに襲われ、あわてて携えていた銃で射殺してしまったという。ドクターは本当にダメな人だった。

丸木舟に倒れ込んでいるゴリラの姿はまるで伝説の「雪男」のよう。手や足の裏は野

丸木舟で運ばれてきたゴリラ

球のグローブのような固さだった。私たちは仰天した。
村の人たちはもともとゴリラを食べたかったわけだし、しかも当時私たちは極端な食糧不足に陥り、飢えていた。ゴリラは彼らの手によってあっという間に解体され、ぶつ切りの肉となり、鍋でぐつぐつ煮込まれた。味つけは塩と唐辛子のみ。
さて、ゴリラ肉のお味はというと……固い。ゴリラは部位を問わず筋肉がものすごいうえ、屈強なコンゴの男たちは、柔らかくなるまで肉を煮るなんて面倒なことはしない。よって、顎が痛くなるような赤身の固い肉——というのがわれわれの感じた「味」だった。意外に臭みはなく、クジラ肉がもっと筋張って固くなったというか。もっとも飢えた私たちには、それがゴリラ肉かどうかより久しぶりに腹一杯食えたことの方が嬉しかったのだが……。
ドクターがゴリラを殺してしまって以降、もう誰も村の人たちを止める者はなかった。ゴリラ肉を食べた数日後、彼らが二本の棒に巨大な狩りの獲物をくくりつけて、その重さによろめきながら私たちのところに運んできた。

顔をみると、どう見てもチンパンジーだ。私たちは再び驚愕した。チンパンジーといえば、テレビで芸を披露しているかわいらしい姿を想像してしまうが、あれは子供。大人の個体は驚くほどでかい。推定体重は八十キロ以上、「小ぶりのゴリラ」というイメージだ。

さっそく村の男たちが解体をはじめた。ゴリラのときはあまりにヒトに似ていたため、山刀で切り刻む様子が凄惨で目をそむけた。が、さらに飢餓が進み、なおかつ解体にも慣れてしまったせいか、このとき私は目をそむけるどころか生唾を飲んでしまった。「赤身の旨そうな肉じゃん！」と思ったのだ。

いつものようにぶつ切りにされた肉は塩と唐辛子だけで煮込まれた。一口食べて驚いた。

「これ、ゴリラの肉そっくりだ！」

ゴリラ同様チンパンジーも筋肉の発達が著しく、ひたすら固いが、意外に臭みはない。よく嚙むとコクも感じられる。ちなみに、一般的なサル肉とは全然ちがう。サル肉は、独特の臭みがあるが味自体はあっさりしている。

閉口したのは、体毛。一応解体の際に取り除いてあるのだが、仕事が雑なため、女性の髪そっくりの長く黒い毛が肉のあちこちにからみついている。私たちの舌や喉にもひっかかるので、しばしば口に指を突っ込んで毛をとらなければならない。野趣あふれすぎだ。

でも、今となっては思う。ゴリラとチンパンジーの肉は臭みもないしコクのある肉である。もしちゃんと毛の処理をして、ハーブや種々の調味料を使い、じっくりコトコト煮込んで柔らかくしたら意外にいけるんじゃないだろうか。チンパンジー肉のトマトシチュー南仏風とか。もはや試す機会はないし、そんな機会はあってはいけないとも思うのだが。

※ゴリラとチンパンジーについては、その後、京都大学アフリカ地域研究資料センターを通じて、世界自然保護基金（ＷＷＦ）に写真を資料として提供した。ＷＷＦでも現地の人たちの食生活を考慮しながら野生動物の保護活動を行っているとのことであった。

〝アフリカの京都〟の生肉割烹と珈琲道

エチオピアは三千年近い歴史を有し、現存する世界最古の国家のひとつとして知られる。独自の伝統文化を誇り、他のアフリカ諸国とは全く雰囲気が異なる。ゆえに私は「アフリカの京都」と呼んでいる。

日本でもそうだが、田舎者が「都」に行くと独特の習慣に驚かされる。

エチオピアの地方都市で大学教授に取材したときのこと。教授の奥さんや友だちも交えて一緒に夕食に行ったのだが、教授はいきなり肉屋に立ち寄った。天井から釣り下げられた牛の部位を指さし、「ここと、ここをくれ」みたいなことを言うと、そのままみんなでずんずん肉屋の奥に入っていく。慌てて付いていったら、そこは食堂になっていた。イートインなのである。

私たちが席につくと、肉屋のおじさんがドン！　と牛肉の塊がのった皿をテーブルの真ん中に置いた。続いて、私たち一人ずつにナイフが配られる。最後にマスタード風とケチャップ風の二種類のタレ。

啞然とした私の前で、アフリカの京都人たちはナイフで生肉を適当な大きさに切り取り、生のまま、タレにつけてパクパク食べ始めた。

コーヒーセレモニーの様子

　このときは驚いた。何しろ、付け合わせの野菜も何もない。あるのはパンと酒だけ。実際食べてみると、たしかに味はいい。エチオピアの地方都市は百年前の京都みたいだから冷蔵庫などなく、家畜はその日に屠《ほふ》ったものしか食べない。つまり鮮度が高いのだ。

　美味いけど、ひたすら生肉の塊だけを食い続ける奇妙さと言ったらない。豆腐尽くしの豆腐割烹《かっぽう》ならぬ生肉尽くしの生肉割烹なのか……。

　さらにおかしいのは、教授が生肉を切っては奥さんの口に入れていること。まさに「あーん」の状態だが、着飾った四十代の女性が手は膝においたまま、淡々と口を開けている姿は異様の一言。訊けば、親しい相手に「あーん」してあげるのはエチオピア人の中上流階級ではごく普通のマナーだという。

　素材を生かした料理と女性に手を汚させない洗練されたマナー……なんだろうか？やっぱりアフリカの京都人の行動様式は私のような田舎者には計り知れない。

　エチオピアには茶道ならぬ「珈琲道《コーヒーどう》」なんてものもある。人類がコーヒーを飲む歴史はここから始まったとされているし、コーヒーノキの原産地の一つでもある。私はタナ湖という青ナイル源流の湖周辺でコーヒーノキの原生林に出くわしたことがある。熟した赤い実を食べたらほんのり甘かった。

飲み方に対するこだわりも世界一だ。「女性はコーヒーを上手に入れられないと嫁に行けない」と言われており、一九八〇年代の大飢饉のときには、着の身着のままで、でも自前のコーヒーセットだけを携えた女性たちが続々と難民キャンプに集まってきたという。コーヒーは一般家庭では食後の楽しみであり、もちろん客人が来れば、これでもてなす。

初めてこの国を訪れたとき、私は街道沿いの茶屋で珈琲道を体験した。普通にコーヒーを頼んだら、店の若い女性はなんと生のコーヒーの実を七輪で煎《い》るところから始めた。この時点で、日本のどんな「こだわりの珈琲店」も負けである。

たっぷり三十分もかけて入れてくれたコーヒーは当然、香りも深みも普通のコーヒーとは段違い。何より「新鮮なコーヒー」というものを私は初めて飲んだ。しかも「お勘定はいらない」と笑顔で言われ、最高の気分で店を出たところ、……同行した通訳とドライバーになじられた。

「茶屋ではコーヒーでお金をとらないんだよ。どうして他のドリンクを何も頼まなかったんだ？　失礼だろ！」というのだ。「そんなの知らなかったよ」と答えると、「雰囲気で察しろよ!!」。

物言いのストレートな他のアフリカ諸国とちがい、アフリカの京都は何かにつけて空気を読まねばならず、大変に面倒くさいことも初めて知ったのだった。

サルの脳味噌、争奪戦

全ては慣れ——そう悟ったのは、大学探検部の仲間とアフリカのコンゴに行ったときである。

ジャングルの真ん中にある湖に滞在し、そこに棲むと言われる謎の動物（平たく言えばネス湖のネッシーみたいなやつ）を探していたのだが、近くに村がないので（最も近いボア村という村でも六十キロも離れていた）、おかずは全て湖で捕れる魚か近隣の森で獲れる野生動物だった。私たちに同行してくれたボア村の男たちは熟練のハンターであり、槍と銃を駆使して、なんでも捕まえてきた。加えて、この湖は「聖なる地」とされ、長らく近づく人がいなかった。なので、野生動物が驚くほど豊富に生息していた。

その結果、私たちはここで前述したゴリラ、チンパンジーの他、オオトカゲ、ワニ、カワウソ、巨大なスッポン、ニシキヘビなどを口にしたが、最も頻繁に食べたのはサルである。

もちろん、私たちも初めから喜んでサル肉を食べていたわけではない。

いちばん最初、村の人たちがサルを獲ってきたとき、正直「げっ」と思った。サル料理はまず焚き火で毛を焼くところから始まる。毛がすっかり焼け落ちると、白い皮膚が

燻製になったサルの脳味噌

露出する。このときサルは、大きさといい肌の色といい、人間の赤ん坊か幼児にそっくりなのだ。

　しかもぶつ切りにして塩と唐辛子で煮込んだ肉は、「サル臭い」。食べたことのない人でもなんとなく「サルは臭そう」と思うだろう。で、実際かぶりつくと、本当にイメージ通りの臭さなのだ。〝不潔な獣臭〟とでも言おうか。

　初めは閉口したが、二、三回食べると慣れた。赤身でコクのあるゴリラやチンパンジーの肉とは全然ちがい、白身のあっさりした肉で、鶏肉に似ている。ぶつ切りにして煮込むと、匂いさえ嗅がなかったらチキンの煮込みと区別がつかないかもしれない。私同様、初めは嫌々食べていた探検部の仲間たちも、どんどんサル肉が好きになっていった。

　村のハンターはサルを獲ってくると、キャンプ地に持って帰り、地面にドサッと投げ出す。すると、他の村人やコンゴ人の研究者や役人たちがそれを見て、あれこれ品評する。

　最大の基準は「脂がのってるかどうか」。毛が生えた上から脂の多寡がわかるのかと思うが、どうやら肉付きの良さや毛づやを見ているようだ。そのうち私たちもその輪に加わり、ときには「これはマフタ・ミンギ（脂がのってる）」と喜び、あるときは「マフタ・ミンギ・テ（脂がのってない）」と顔をしかめた。

サルに限らず、獲物を獲ってくると、最初の食事だけはそのまま煮込んで料理するが、それ以外の肉は、囲炉裏《いろり》のような焚き火の場の上に作った棚にのせ、燻製にした。燻製にすれば長持ちするだけでなく、同じように料理しても旨味が増して確実においしくなる（本書では、グルタミン酸等の化学的な味質を「うま味」、感覚的な美味しさを旨味と表記している）。

食料が乏しくなると、逆に味覚が鋭くなり、サル肉を部位ごとに楽しむようになった。例えば、肋《あばら》の肉。なかなか嚙みきれないので、食料が豊富だったときは「これ、ゴムかよ……」とウンザリしていたが、飢えてくると何度でも咀嚼《そしゃく》して砂肝のような旨味や食感を楽しむようになった。特に燻製の肋肉は美味かった。

人気だったのは脳味噌だ。なぜか、コンゴ人も脳味噌は食べなかったので、私たち日本人グループのところに頭蓋骨ごと回ってきた。燻製になったサルは歯を剝き出し、仏教絵図で描かれる「餓鬼」そっくりの凄まじい表情をしているが、気にする者は誰もいない。一匹のサルには当然脳味噌は一つ、しかもせいぜいスプーン二口分だ。脳味噌は魚の白子か豆腐のような味がして、ここでは贅沢品だった。

そこでジャンケン。勝者はただ一人。飢えのために目眩《めまい》がするほど弱っていたのに、このときばかりは「ジャンケン、エッ!!」という男たちの気合いに満ちた声がジャングルに響いたのだった。

砂漠のスーパー甘味〝デーツ〟

酒飲みであるせいか甘い物が不得手だ。だから旅先や取材先でスイーツの類いを勧められるのがいちばん困る。特に中東・アフリカのイスラム圏。酒が少ないかわりに、お菓子の類いが無駄に充実しているうえ、どれも甘すぎる。

その代表格がデーツ（ナツメヤシの実）。たいていは乾燥させたもので、干し柿を一回り小さくしたようなサイズと質感だが、デーツの方がもっと甘みが強く、ねっとりしている気がする。しかもただでさえ甘いデーツを砂糖漬け（もしくはシロップ漬け）にしたスイーツも人気で、正直「頭がおかしいんじゃないか」とすら思っていた。

ところがこれまでの人生で二回だけこのデーツを「美味い」と感じたことがある。

一度はラマダン（断食月）中にソマリアを旅していたとき。イスラムの戒律ではこの期間（約一カ月間）、日の出から日の入りまで食べ物も水も一切口にしてはいけない。私も、一緒に行動しているソマリ人の通訳や護衛の兵士たちの手前、自分だけ飲み食いするのは気が引けるので、同じように断食をしていた。

毎日、夕方になると、近くのモスクからアザーン（お祈りを促す声）が聞こえてきて、やっと食事にありつける。私はこれまでイエメンとスーダンの田舎でラマダンを経験したことがあって、その二カ所では、アザーンが聞こえると同時に炊き込みご飯やらローストチキンやらを一気食いしていたが、ソマリ人はもっと上品。

「一日食を断ったあと、急にたくさん食べるのは胃腸によくない」というもっともな理由で、まず軽食をとる。メニューは、三角形の総菜サモサ、スイカ、固く焼いた小さなパン、そしてデーツと決まっている。飲み物はレモンジュースかお茶か水。

五臓六腑にしみわたるデーツ（左手前）

丸一日、食を断ったあとのデーツはねっとりした甘みがすーっと体に染みこんでいくようで、本当においしい。酒を飲んだときのように、体のこわばりがとれ、五臓六腑にしみわたったものだ。
もう一度は数年前、アルジェリアのサハラ砂漠を四十二・一九五キロ走る「サハラマラソン」に出場したとき。当時私は最も長く走ったときでも十五キロという超初心者ランナーで、マラソンに関する知識もゼロ。単に夜中に酒に酔った勢いでネットで参加申し込みしてしまっただけだった。
現地のスタート地点で、他の選手たちが栄養補給のゼリーやドリンクを用意し、腰や背につけたりするのを見て、「こういうものが必要なのか！」と今さらながら青くなった。

でも、ないものはない。そのままスタートしてしまった。砂漠の中には、だいたい二キロに一つは給水所が設置され、水のボトルとデーツの砂糖漬けの山が用意されていた。もともとデーツの砂糖漬けなんて苦手だし、水だけ補給して走り過ぎていたが、十キロぐらいになるとガクンと疲れてきた。日頃の練習がせいぜい七キロ程度だから無理もない。

給水所で水を飲むついでにほぼ無意識的にデーツの砂糖漬けをかじったのだが、これがめちゃくちゃ美味い！　同時に、何か内側からバーン！　と叩かれたような刺激に心身が目覚め、元気が出た。以後、デーツをバリバリ食べ、そのおかげで完走できたといってもいい。

ちなみに、一度、併走していたオランダ人ランナーからスポーツゼリーを分けてもらって食べたが、そんな刺激は何もなかった。

思うに、栄養学的にはゼリーの方が優秀なのかもしれないが、デーツにはそれを上回るスーパーな疲労回復力があるのではないか。きっと、大昔から、砂漠の旅人はオアシスの村に到着すると、デーツを食べ、再び歩き出す力を得たのだろう。

デーツは過酷な砂漠の必需品なのである。

イモムシにはご用心

どんなにゲテモノに見えても、地元の人が食べていたら大丈夫というのが、私の「食の安全基準」である。

その代表格がイモムシ類。見かけは気持ち悪いが、けっこう平気で食べる民族は多い。コンゴでは特によく食べていた。例えば白くて大きなカブト虫かクワガタの幼虫をヤシ油で揚げた料理。油の香ばしさと適度な火の通り方で、生臭さは全くなく、プリッとした歯ごたえとまったりした味わいはビールによく合った。

長さが五センチ、太さが一センチくらいで、最初は「え、かりんとう？　こんなところに？」と思ったら黒いイモムシだったこともある。カリカリに乾煎《からい》りしているので、味は完全にスナック系。私が遊びに行ったお宅では、若い女の子二人が髪を結いっこしながら、ポリポリとそのイモムシをかじっていた。

いっぽう、ナイジェリアでは取材先である現地の大手企業を訪れたときに遭遇した。朝食をとる時間がないまま、最初の目的地であるその企業のオフィスに着いてしまったら、びっくりしたことにナイジェリア人のマネージャーがプラスチックの容器に黒いイモムシをどっさり入れて、囓《かじ》りながら現れた。パリッとした制服を着たきちんとした人

イモムシは腹持ちがいい

なのに、バケツにイモムシ。

「一つどうです？」と差し出され、腹が減っていたし、よく迷わず食べる。ちょっと唐辛子がきつかったが、よく煮込んでいるらしく、臭みはなく、適度な歯ごたえ。タンパク質がギュッと凝縮して腹持ちがしそう。五つ、六つとボリボリ食ってしまった。

しかし、空腹の胃にピリ辛のイモムシだけというのはちと落ち着かない。そう思っていたら、今度は支店長という人が紫色のドリンクをバケツごと差し出した。「ハイビスカスジュースだ」という。紫色の花を煮込んで砂糖を入れ、冷蔵庫でよく冷やしたという。朝十時前ながらすでに気温は三十度を軽く超えていたため、とてもおいしい。色は鮮やかだし、生姜が効いていた。表参道や六本木にこのドリンクのスタンドがあれば、大繁盛するだろう。

味に深みがあり、なにより洒落ている。

イモムシのピリ辛煮と粋なハイビスカスジュース。旅先ではこんな有り得ない組み合わせの朝食にも遭遇することがあるのだ。

そんな経験を重ねていただけに、初めてタイのチェンマイに行って、市場で白くて細長いイモムシが山積みされているのを見たときも驚きはなかった。売り手のおじさんに片言のタイ語で「これ、美味しい?」と聞くと、おじさんはにっこり笑って「うん、美味しい」。

それじゃ、と私は一匹つまんで口の中に放り込んだ。ぶちゅっと生臭い汁が弾けた。腐りかけた半熟の黄身を食べているよう。チェンマイの人はこういうものが好きなのかな? と不思議に思ったときである。

「うわっ!」と売り手のおじさんが驚愕した。私を指さし、大声で何か言っている。周りの人もびっくりして群がってきた。あるおばさんが英語で言った。

「ダメよ、それ、料理して食べるのよ!!」

えーっ!? 地元の人に驚かれたら私の食基準では「アウト」だ。結果的に腹を壊すことはなかったが、その晩、イモムシが胃を食い破って出てくるというホラーな夢にさんざんうなされたのだった。

恍惚のアリ食

アリの成体をアフリカのコンゴで食べたことがある。

コンゴで昆虫食といえば、イモムシの類いが一般的でアリ食は聞いたことがない。一匹が小さすぎて腹が膨れないのだろう。私が食べたのも偶然だった。

私は探検部の仲間とジャングルの真ん中にある湖の岸辺でキャンプを張っていたのだが、あろうことか用意してきた一カ月分の食糧のうち半分くらいを現地の村の人にちょろまかされていた。必然的に厳しい食糧統制を行わざるを得ず、私たちは「飢え」に直面した。

食べ盛りの二十歳前後の若者が一日、米一合しか食べられない。立ち上がるとふらふらし、頭の中は常時「腹、減った……」ばかり。

朝夕の食事時にはメンバー全員が鍋のまわりに集まってきた。炊けた米をメンバー十一人分に分けるのだが、それを見て、口々に「これ、多すぎる！」「こっち、少ないじゃん！」と厳しく指摘する。さすがに誰も「俺は他の人間よりたくさん食べたい」とは言わないが、人より少ないのは絶対に嫌だから、異常なほどに「公平」を気にするのだ。

このような状態のときは、たとえ「個装（個人の食糧）」であっても気軽に食べられない。大塚製薬からカロリーメイトを提供してもらい、それをメンバー一人一人に分配していたが、空腹に耐えられない人間は早々と食べてしまっていた。空腹だけではない。糖分が絶対的に不足しているので、なんでもいいから甘いものを口に入れたいと思うのだ。砂糖ももはや、毎朝沸かすお茶に一人スプーン一杯ずつ入れるのみ。超貴重品である。

私は実はカロリーメイトを温存していたのだが、温存しすぎて食べる機会を逸してしまった。他のメンバー全員が飢えに苦しんでいる横で、いまや「この世で最もうまい食品」とまで賞賛されるカロリーメイトを一人で頬張ることは人間としてできない。かといって、他のメンバー十人に分けるわけにもいかない。キャンプ地は狭すぎて、プライバシーもない。

ある日、とうとう最後の手段に出た。全員参加のミーティングを行っているとき、私は「あ、地図を忘れた」と言って自分のテントに潜り込み、こっそりカロリーメイトを貪《むさぼ》ったのだ。その甘美なことといったらなかった。仲間を裏切っているという背徳感も加わり、全身にぞわぞわっとエクスタシーが流れたものだ。

それから数日後。朝のお茶を入れようとして、私はたいへんなことに気づいた。砂糖の袋にアリが何十匹も入り込み、食い散らかしていたのだ。ちくしょう、砂糖の袋に入って食べ放題なんて俺の夢だ！　とアリに激怒し、一匹ずつつまんで外に放り出していったが、途中でふと思った。砂糖を腹一杯食べているアリを捨てる手があるか？

じたばたしているアリをそのまま口に入れてみた。噛むとプチッと音がし、じゅわっと染み出たのは砂糖の味だった。「ウォオ!!」叫び出したくなるのを必死にこらえた。強烈な甘みの中にほんのり酸味がある。そのとき、「蟻酸《ぎさん》」という言葉を思い出した。アリは基本、酸っぱいらしい。

周りを見ると、誰も私に注目している者はいなかった。仮に誰かが気づいたとしても、さすがに生きたアリを「勝手に食うな」と怒る奴はいないんじゃないか。だが用心に越したことはない。

私は「このアリ、参ったな……」などと白々しく言いながら、素知らぬ顔でアリを貪り食った。プチッと弾ける九割の甘さと一割の酸っぱさ。その美味と恍惚感はカロリーメイトに勝るとも劣らなかったのである。

肉質むっちり！ ヘビーなラクダ肉

ラクダ肉は中東や北アフリカでも決して一般的な食材ではない。前から一度食べてみたいと思っていたが、放っておくと全然遭遇しない。

妻とチュニジアに行ったときも探すのに苦労した。一般のレストランや食堂のメニューには見当たらない。そこでトズールという砂漠の町へ行ったとき、途中のバスで知り合ったブバケルという若者に「調理してほしい」と頼んだ。

トズールに朝、到着すると、さっそく市場へ。家畜売り場では生きたラクダが食用として売られていたが、ほとんどが頭の高さ二メートル未満の仔ラクダ。訊けば、一歳が日本円で約四万八千円、二歳が六万円とけっこういい値段。さすがに一頭買うわけにいかないので、肉は肉屋で購入。一キロざっと五百六十円。この肉をいったんブバケル君に預けた。

昼頃、彼の自宅を訪問すると、お母さんがラクダのクスクスを作ってくれていた。イスラムの作法では成人男子しか客人と食事をしないので、ブバケル君とお父さんと四人でちゃぶ台のような低い食卓を囲む。チュニジアも田舎の一般家庭は床にすわるのだ。

クスクスはジャガイモ、ニンジン、青唐辛子がゴロンとのっかっていて素朴だが、意

ソマリランド名物のラクダ丼

外にも店で食べるより辛みもスパイスも控えめ、つまりマイルドで美味しかった。肝心の仔ラクダ肉は……固かった。「大人のラクダは固すぎるから食べない」とブバケル君。今朝捌《さば》いたばかりの新鮮な仔の肉がこれでは推して知るべしだ。

正直固いだけでなく、肉汁も乏しいが、噛みしめると淡泊な中にも一本筋の通った味わいで、窓が少ないけれど涼しく落ち着いた石造りの家によく似合っていたことを思い出す。

その後、ソマリアの中にできた〝自称独立国家〟のソマリランドへ通うようになると、ラクダ肉はとても身近なものになった。というのも、ソマリランドはもし「国家」として認められるなら、「世界で最もラクダの輸出量が多い国」になると言われるくらいラクダの飼育が盛んだからだ。

それでもやはり一般の食堂には置いていない。町の人間は「ラクダ肉は固い」とか「胃に重い」などといって敬遠する。日頃は「ラクダこそ俺たちソマリ遊牧民の象徴だ」とか言っているくせに。

一度だけ「毎日ラクダ肉を食べている」というおじさんに会ったことがあるが、「だから俺は子供を十二人作れたんだ」と自慢げ。どうやらラクダは半分野生動物的な扱いらしい。固くてうまくないけれど食べると精がつく、というような。

ラクダ肉を食べたければ、ラクダ料理専門の食堂に行くしかない。そこはいかにも田舎の出という雰囲気の人たちで賑わっている。

食べ方は、煮たラクダ肉の塊をナイフで切ってピリ辛のトマトソースにつけ、パンと一緒に食べる。ただそれだけ。よく煮込んであるせいかさほど固くはないが、肉質がむっちりとして、飲み込むと胃袋にずしんと来る。野菜などの付け合わせは何もないし、一回食べたら「もう、いいや」という気持ちになる。

むしろ私のお気に入りは「ラクダ丼」。

一部のラクダ食堂では肉の塊を煮込んだ汁とクズ肉をご飯にぶっかけて出す。見てくれも味わいも日本の牛丼に似ているが、こちらはもう少しおしゃれ。味つけに軽くカルダモンを利かせ、千切ったレタスを散らしている。さらにライムをたっぷり搾ると、重たいラクダ肉が一気に爽やかな昼飯へ変わる。値段も軽やかで一杯百円しない。

唯一残念なのは、現地の友人をこの店に誘うと「うーん、今日はラクダはいいや」と必ず言われることぐらいか。誇り高きラクダ遊牧民の末裔のくせに！　と思いながら、私はひとり、木陰の食堂で至福のひとときをすごすのであった。

ラクダの乳ぶっかけ飯

ラクダ肉は固くて食べにくいので中東・アフリカでも一般的でない。でもその割りには値段が高い。

最大の理由は、ラクダはそもそも食肉用の家畜でないから。遊牧民にとってラクダは家財道具を運ぶ重要な輸送手段であるし、なにより、ラクダからは乳がとれる。とりわけソマリ人はこのラクダ乳を好む。

ソマリ語には「アブ（飲む）」という動詞とは別に「ダミ（ラクダ乳を飲む）」という専門の動詞があるくらいだ。また、「ラクダ乳と平和」という成句もある。ラクダ乳は「富」や「豊かさ」の象徴でもある。

実際、ソマリ人のいるところには必ずラクダ乳がある。ソマリランドの首都ハルゲイサでは大統領官邸のすぐ近くに遊牧民の人たちがテントを立ててラクダ乳を売っているし、ケニア領内のソマリ人難民キャンプでも、治安が極端に悪いソマリアの首都モガディショの町中でも、同じように売っている。

味は牛乳に比べると若干薄く、ほんの少し青臭い感じがするが、ヤギの乳ほどではない。そしてたいてい少し酸っぱい。最初飲んだときは「傷んでるのか？」と心配になったが、ソマリの友人たちに「ラクダ乳は常温で三日ぐらいはもつ。だんだん酸っぱくなるけど、それが美味いんだ」と笑われた。実際、ラクダ乳は抗菌作用が他の乳より強いらしい。

ラクダ乳は健康にもよいとされている。モガディショ出身で現在早稲田大学の大学院生である友人は「子供のころ、毎週金曜日は一家全員が食べ物を何も食べずに、ラクダ乳だけ飲んでいたよ」という。体の中の悪いものを出す効果があると彼のお父さんが言っていたそうだ。小学生くらいの子供でも一日で十リットルも飲んだなどと言う。十リットルは大袈裟にしても、ラクダ乳で消化器官を洗うような感じだったのは間違いなさそうだ。「ソマリ式ラクダ乳健康法」と名付けたくなる。

木桶に入ったラクダ乳

ハルゲイサで私は搾りたての乳を飲んだことがある。朝の五時に町を出て、半砂漠に暮らしている遊牧民を訪ねたら、その場で搾ってくれたのだ。ラクダは背が高いので、搾る方もしゃがんだりしない。王貞治の一本足打法さながらに、直立して片足をあげ、あげた足の上に木桶のような器を置き、その上でぴゅうっと乳を搾る。二リットルほどの器がいっぱいになると、その場にいる人々全員で、茶会のお茶のように、回し飲みするのが作法。

口に含むと、お馴染みの酸味がない。まだ発酵していないのだ。甘くてなめらか。ふつふつと泡立ち、しかも温かいのでびっくり。四十度くらいありそうだ。

あとで知ったのだが、ラクダは温度差の激しい砂漠に適応し、体温を調節できるそうだ。暑いときには三十六度、寒いときには四十二度ぐらいまで変化させられるという。このときは吐く息が白いほど冷え込んでいたから、ラクダの体温もかなり上がっていたのだろう。超新鮮でほかほかした乳を飲むと、身も心も温まる気がした。「ラクダ乳と平和」の意味を実感した瞬間だった。

ラクダ乳は飲むだけではない。ソマリランドの田舎町を旅しているときのこと。食堂で米とヤギ肉の炒め物という朝食をとっていると、現地の友人がやってくるなり、テーブルに置いてあったラクダ乳のボトルを摑んで、いきなり私の皿にぶちまけたのだ。

「何するんだ?」と目をむいたら、「いいから食ってみろ」と言う。乳で白くなった炒め物ご飯を半信半疑で口に運んだところ、炒め物の油と乳の酸味が不思議な調和を見せて、意外と美味い。どうやらソマリ人は「ひと味付け足す」くらいの軽い気持ちで、ご飯に乳をかけてしまうらしい。

美味しくて保存がきき、健康によくて調味料にもなる。ラクダ乳は本当に万能のドリンクなのである。

天にも昇る心地の覚醒「カート宴会」

アラビア半島のイエメンから東アフリカにかけての地域で、「カート」（アラビア語）とか「チャット」（エチオピアのアムハラ語やソマリ語）と呼ばれる植物が地元住民に人気を博している。アラビアチャノキという和名のとおり、お茶の木、もしくはツバキやサザンカの木に似ており、その葉っぱを食べると、酒に酔ったように気持ちよくなる。

原産地はエチオピアとされている。興味深いことに、エチオピアを含むアフリカ東部やアラビア半島では、昔からキリスト教徒は酒を愛しカートを毛嫌いしていたが、逆にイスラム教徒は酒をタブー視しカートを愛好していたという。それは今も変わらない。つまり酒とカートのどちらを許容するかによって、その人（集団）の宗教がわかる（もっとも現在は、厳格なイスラム教徒はカートを好まない）。

私が通っているソマリランドやソマリアに住むソマリ人はムスリムであり、とにかくカートが大好き。ソマリ人エリアは乾燥しすぎてカートを栽培できないため、隣のエチオピアやケニアから車で輸送している。

午後一時か二時頃、ウーウーとサイレンを鳴らして走ってくる車があれば、それはパトカーでも救急車でもなく、カート運搬車だ。カートは刺身と同様、鮮度が命で、朝摘

カート屋台で新着の束を買う

みのカートを積んだトラックがどんな砂漠でも内戦地帯でもお構いなく猛スピードで突っ切って各地の市場に到着する。

　するとカート食いの男たちや小売り商人がそこに群がり、阿《あ》鼻叫喚《びきょうかん》の様相を呈する。奪い合うようにして、枝付きカートの葉を買い求め、自宅や友だちの家に持って帰る。ここから「カート宴会」が始まる。

　日本人の経験者はよく「カートは効き目が弱い」とか「何がいいのかわからない」などと言うが、大間違いだ。

　カートは大量に食べないといけない。葉っぱ（一応、若葉だが）を枝からむしり、ひたすら口に押し込み、ぐちゃぐちゃ噛んで飲み込む。私に同行してソマリランドへ行った後輩は、いかつい髭面の男たちがバリバリと葉っぱを貪るのを見て、「これが本当の草食男子か」と呆れていた。

　ただの葉っぱでしかも土埃だらけだから、全然うまくない。でもそこを我慢して食わねばならない。イエメンでは口に入れてエキスだけ吸い、滓《かす》は後で吐き出すが、多くのソマリ人は飲み込んでしまう。

　三十分ほど食べ続けるうち、不思議なことが起きる。葉っぱが急に美味くなるのだ。

微妙な渋みをともなった甘みを舌に感じる。その甘みは脊髄を伝って脳や手足にも届く。「おお」と感動し、「ねえ、このカート、美味いよね⁉」と隣にいる見知らぬおじさんの肩を叩いて突然話しかければ、それはもう効きはじめた証拠だ。その頃には相手も効いているから「おまえもカート、好きか？　いい奴だ！」などと肩を叩き合ったりしてすぐに仲良くなってしまう。

この多幸感あふれる状態をソマリ語で「メルカン」と言い、「あんた、メルカンしてるか？」と話しかけるのがカート宴会の定番挨拶である。

カートは酒と同様、人の心の垣根を取っ払う。誰もが友だちに思え、本音で話をしてしまう。カートがなかったら、私はソマリ世界で取材ができなかっただろう。ソマリ人はたいてい短気で、普通にインタビューなどしても十五分としないうちに飽きてしまい、欠伸《あくび》したり、携帯で誰かと話し始める。

ところがカート宴会に参加したら、最低でも三時間ぐらいは席を同じくする。日本の飲み会でも一時間程度で「今日はお先に」などと席を立ったら失礼な感じがするだろう。それと同じだ。

長時間一緒にいるし、メルカン状態で何でも率直に話ができる。私はこのような宴会で、氏族の掟からイスラム過激派の内幕、さらには夫婦生活や浮気が妻にバレないための方策まで聞きまくった。

しかしカートが最高であるのは酒とちがって酩酊しないことだ。むしろ「覚醒」する。

長距離ドライバーや夜警が特に愛用するだけあり、集中力や記憶力が高まり、見聞きしたことを忘れたりしない。ホテルの部屋に戻ってからも二、三時間、先ほど聞いた話を一心不乱にノートにまとめてしまう。

メルカンは気持ちいいし、取材はガンガン進むしで、比喩ではなく「天にも昇る気持ち」になる。実はこのあとに強烈な副作用が来るとわかっているのだが……。

ダメ人間たちの「迎えカート」

食べれば多幸感と鮮やかな覚醒をもたらす中東・アフリカの植物「カート」。しかしこの嗜好品には恐るべき副作用がある。

地元の人たちと一緒にカートを食べると、三時間ぐらいは談論風発し、ひじょうに楽しいが、その後だんだんとテンションは下がっていく。

この辺からカートの効き方は人によって大きく分かれてくる。

まず、食欲。私の親しい友人はカート宴会のあと腹が減る性質で、「よくないとわかっていてもパスタを山ほど食べてしまう。これが太る原因なんだよな」と、酒を飲んだあとにラーメンを食わずにいられない人みたいな愚痴をこぼす。

私はあまり空腹を感じない。なにしろ、コーラやお茶、水などを飲みながら、サラダ何杯分もの葉っぱを食べているから腹が膨れているのだ。食欲は錯覚だろう。

もう一つは性欲。人によっては「すごくセックスがしたくなる」という。ソマリ人世界ではカートを食べるのは男にほぼ限られる。女性でカートを食べるなら、ちょっとその人は〝堅気〟でない感じがする。娼婦とかバツイチの遊び人とか芸能人（歌手やコメディアンなど）とか。なので、女性の感想はめったに聞けないが、どうやらやっぱり人

宴会は楽しいが、その後の副作用が……

によっては性欲がわくらしい。

　でも、過半数の人は「性欲？　わかないなあ」という。私もそうだ。あたかも自分のエネルギーが全て上半身（特に頭）に集まって、下半身は空っぽになったかのような感じがする。

　食欲も性欲も生じない〝小市民体質〟の私は、半ば残念な気持ちでホテルに帰り、その日の宴会で仕入れた情報やソマリ語をメモ帳やノートに何時間も書いてまとめる。まだ十分に集中力があるので、楽にそのような作業ができるのだ。食べた量がほどほどのときはそのまま普通に眠りにつける。

　だが、問題は宴会が盛り上がってカートを食べ過ぎてしまったとき。食欲・性欲の有無にかかわらず、不眠、不安、神経過敏といった副作用が出るのだ。

　夜中近くになるとわけもなく神経がピリピリし、風の音や誰かが遠くでドアを閉めたバタンという音に飛び上がるほどびっくりする。そのうち、自分がこの土地で孤立無援になっているとか、周りのソマリ人が私をあざ笑っているような錯覚におそわれる。稀にだが、激しい動悸を感じ、「ヤバイんじゃないか」と恐怖におののくこともある。パニック障害的なものだろう。

まあ、たいていは何時間かして、疲れて寝入ってしまうのだが、翌朝はひどくだるい。ときには取材どころか部屋の外に出るのも億劫になるほどだ。急性のうつ病、あるいは精神的な二日酔いとでも言うのだろうか。

こんなときに唯一最善の対応策はというと、まさに酒の二日酔いと同じ。前日の残りのカートを食うことなのだ。これをソマリ語で「イジャバネ」と言い、私は「迎えカート」と訳している。

前日の食い残しの葉っぱは萎《しな》びて変色し、まるでグラスに残った前日のビールのよう。まずいとしかいいようがないが、それをぎゅうぎゅうと口の中に押し込むと、たちまち気分が楽になってくるから不思議だ。

そのまま葉っぱを携えて外に出ると、「イジャバネ!」と他の人たちが指さして笑う。日本の迎え酒同様、朝から迎えカートなんかやっている人はダメ人間なのだ。

幸か不幸か、私の取材仲間たち(ジャーナリストやドライバーや護衛の兵士たち)もイジャバネを口にして待ち構えている。かくして、われわれダメなソマリ取材陣は口を緑色に染めながら、次の取材地へ向かうのだった。

II
南アジア
怪魚、水牛、密造酒……爆発だ！

パキスタン桃源郷の密造酒

二〇一六年のリオデジャネイロ五輪の間、パキスタンの北部山岳地帯フンザで過ごした。正確にはインドと中国との国境が画定しておらず、パキスタンが「実効支配」している場所だ。学生の頃から憧れていたのだが、ついぞ機会がなく、三十年近くが経過してしまった。ひねくれ者の私はみんなが夢中になることが好きでなく、祭りやイベントにも基本的に関心がない。五輪特有の熱狂（話題は日本選手がメダルをとったかどうかばかり）は特に苦手なので、日本を抜け出してトレッキング三昧の生活を楽しもうと思ったのだ。

来てみたら、あまりの美しさに息を飲んでしまった。白い雪を頂いた七千メートル級のカラコルム山脈、岩を削って怒濤のごとく流れるインダス川上流部、そしてその谷間にひっそりと緑豊かな村が佇んでいる。どこを切り取っても絶景というしかない。

ここはかつてアジア大陸屈指の辺境地だっただけでなく、「桃源郷」としても名を馳せた。世界で最も長寿の人が多い地域と言われていたこともある。外国からの旅行者の間でも絶大な人気を誇り、訪れた人々はトレッキングや登山を楽しんでいた。

ところが9・11以降、状況は一変した。パキスタン全土が「危険地帯」と見なされ、外国からの旅行者は激減してしまった。実際にはパキスタンで危険なのはタリバンと結びつきの強いスンナ派のエリアだが、フンザ周辺はそれに対抗するシーア派のエリア。地元の人たちはタリバンを忌み嫌っているので、実は治安はすごくいいのだ。でもそれが国際社会には理解されない。

長寿村の面影も薄い。昔は杏や桑の実でスープや油を作り、自家製のヨーグルトやチーズ、バターなどと一緒によく食べていた。つまり、体によい、自然の食品だけをとっていた。また気候は穏やかながら、険しい地形は人々の足腰を適度に鍛えた。が、今ではパキスタン「本土」とさして変わらない食生活に移行してしまった。動物性の油や砂糖、塩分などが全て過多である。さらに車と道路の発達であまり歩かなくなってしまったため、高血圧や糖尿病が蔓延している——つまり「普通の村」になってしまったようである。

唯一、昔と同じなのは電気がないこと。いや、二十年前から電気は来ているのだが、電送システムが故障し、もう二カ月間、電気が止まっているという。インターネットもたまに使える程度だし、テレビは映らない。おかげで五輪ニュースには触れずに済んだものの、陸の孤島は暇であった。

料理の楽しみも少ない。一般の食堂はパキスタン式のカレーや焼肉ばかりだし、村に一軒だけある伝統料理レストランで、「昔ながら」という触れ込みの料理（羊の挽肉をパイのように包んで焼いたものとか、杏油を塗ったパンとか）を食べてみたが、こちらも

山の中で飲むときは酔っ払って踊ることも

やたら塩と油が多くて胃がもたれた。

日帰りのトレッキングを終えたある日、ガイドに「本物の伝統的な食べ物はないのか」と訴えた。すると、「チーズは今でも昔と同じ方法で作っている人がいる」と言うので、案内してもらったのだが、行ってみると、なにやら様子がちがう。釜でせっせと何かを煮ているし、チーズとは全くちがう、でもとてもなじみ深い匂いがする。

訊けば、「ずいぶん前からチーズ作りは電動の攪拌《かくはん》機を使うようになっているんだ。でも今、電気が止まっているから機械が使えない」。

なんともダメな「元桃源郷」だと呆れた。では一体何を造っているのかといえば、「アラク」と呼ばれる密造酒だった。なじみ深い匂いがするわけだ。

フンザの住民は皆ムスリムだから、酒はご法度なのだが、実はこっそり造っている人がいて、愛飲する人も多いという。私が訪れた家はチーズ農家であると同時に「隠れ酒蔵」でもあった。そして、酒造りには電気が必要ないという。だから今は全ての労力と時間を酒造りに傾けているのだ。あまりにもダメすぎて嬉しくなる。

酒の原料は桑の実。実を潰して砂糖と一緒に容器に詰めて発酵させたあと、この醸造酒（ワインと同じもの）を加熱し、アルコール分を凝縮させて蒸留酒にしている。

すでに、四、五人の村の男たちが集って、酒盛りをやっていた。電気がなくてやることがないため、みなさん、暇をもてあましているのだ。私もさっそく輪に加わる。ペットボトルから透明の酒をコップに注いでもらった。

アルコール度数は二十五度ぐらいあるだろうか。けっこう強いが、とても口当たりがよく、大変に美味しい。蒸留酒なのに日本酒のように甘くまろやか。

「自分の家で栽培した桑の実と砂糖、これ以外は何も使ってない」と造り手の老人が豪語するだけある。つまり、この密造酒こそが、今も残された数少ない元桃源郷の伝統飲食文化の一つなのだ。

そして、もう一つ気づいた。この酒は水がいい。ここでは七千メートル級の山に降り積もった雪や氷河が静かに溶けて岩肌に染み込み、湧き水となって再び岩場の合間から流れ出てくる。その水で丁寧に仕込んだ酒である。それを密やかに飲む。

長寿につながるかどうか不明だが、昼はせっせと山を歩き、晩は酒飲み連中とこっそり酌み交わす至福の日々を送ったのである。

快感！　羊の金玉と脳味噌のたたき

パキスタン北部の山岳地帯で三週間ほど過ごしたあと、首都のイスラマバードに隣接するラワルピンディという町に戻ってきた。それにしてもパキスタンは料理が単調である。基本的にカレーであるからインドと大差ないはずなのだが、インドのようにスパイスを複雑に組み合わせた妙味がない。いや、高級レストランに行けばあるのかもしれないが、私が行くような庶民的な食堂や中級ホテルのレストラン程度では遭遇しない。

何かちょっと旅行者の心をくすぐるような面白い料理はないのだろうか？　そう思って、泊まっているホテルのオーナーに訊ねると、「羊の脳味噌カレーはどうだ？」と言う。

うーん、と思った。羊の脳味噌の煮込みは中東ではゲテモノでもなんでもなく、いたってポピュラーな料理である。日本で言うなら魚卵みたいなものだろうか。いや、ダイレクトに言えば魚の白子（精巣）か。なにしろ、食感も味も、羊の脳味噌は白子そっくりだ。もし白子を食べたことのない人や嫌いな人なら「豆腐」だと思ってくれれば当たらずといえども遠からずである。

まあ、こんな説明をパキスタンの人にしてもしかたないので、「脳味噌は何度も食べ

巨大な円盤状の鍋で具材を刻む

たことがあるから他のものは?」と訊ねると、「じゃ、羊の金玉のたたき」と答えた。今度はびっくりした。実際にはオーナーは自分の股間を指さして「睾丸」といい、次にタカタカタカタカと擬音を奏でながら包丁で刻む仕草をした。間違いなく「金玉のたたき」であろう。

料理名は「タカタック」。音が「たたき」に似ている。どちらも叩く音に由来しているのだろう。

その料理を出すレストラン(食堂)は外国人にはわかりづらい場所にあるというので、オーナーの親戚だという若者が案内役として付いてきてくれた。

車とバイク、リキシャー(三輪タクシー)が無秩序に交錯する道をかき分けて辿り着いた店は、大きな建物の前面に半オープンエアの厨房があり、肉を焼いたり、何かをグツグツ煮込んだりと、路上の喧騒に負けない大盛況。

中に入って、羊の金玉のたたきのほか、羊の脳味噌も注文した。その時まで、二つの料理は全然別物だと思っていたが、料理の写真を撮りに厨房まで行って、間違いに気づいた。

この店は「タカタック（たたき）」が名物で、睾丸だけでなく脳味噌やハツ（心臓）、レバーなど各種の「たたき」がメニューにあるのだった。

作り方は最高に愉快だ。直径一・五メートルもある巨大な鉄の円盤が鍋である。メガネと髭面のシェフがそこに油を注いで熱し、脳味噌二匹分と睾丸三つを乗せ、カネのヘラでざくざくっと切る。肉は焦げないように円盤の縁に置いておく。そのあと、ニンニク、生姜、トマト、タマネギを放り込むと、二つのヘラを逆手に持ち、まるで音楽を奏でるようにリズミカルにタカタック、タカタックと刻む。メニュー上は「肉のたたき」だが、実際には野菜を叩くのだ。

叩きに叩いてトロトロになった野菜にスパイス、ヨーグルト、塩を加え、水分を飛ばしてから、傍に除けておいた金玉と脳味噌に、それぞれ混ぜる。これで完成。

さてお味はというと、脳味噌は白子や豆腐のようで、それがトロトロ野菜やヨーグルトと融合して、肉料理と言うより「大トロ」。一方、睾丸は歯ごたえがありそうでなく、嚙むとスーッと口の中に溶けていく快感。柔らかなスパイスの香りが鼻腔をくすぐる。こちらは「中トロ」。

どちらも複雑微妙にして、普通のカレーにはないふくよかな食感。あえて優劣をつけるなら、私は「似た味がない」金玉に軍配をあげたい。知られざるパキスタン・グルメの逸品である。

ブータンのびっくり卵酒とタイの珍妙卵料理

ヒマラヤの小国ブータンには、飲食物をなんでも一緒にしてしまうという面白い習慣がある。ご飯におかずをぶっかけて食べるのはまだわかるが、アラレやポップコーンのようなお茶請けをミルクティーの中にドボドボ入れてしまうのだ。せっかくのお茶がどろどろの不気味な液体と化す。

なぜそんなことをするのか？　村から村へ山を歩く旅に出てわかったのだが、ブータンの村の家庭には食器があまりないのだ。そのかわり、各人が常にプラスチックか陶器の「マイカップ」を携えていて、お茶とお茶請けが出たときパッと懐から出す。マイカップは一つしかないから、すべてそこに入れてしまうというわけ。

もっと面白いのは酒。標高四千五百メートルの峠道を越え、山小屋に着いた晩のこと。疲れと冷えと高山病でぐったりしていると、ブータン人の若い相棒が「タカノさん、ゴンド・アラを飲みますか？　元気になりますよ」と言う。ありがたい。「ゴンド」は卵、「アラ」は米や麦の焼酎で、つまり卵酒をこしらえてくれるというのだ。

焼酎を鍋で温めてくれたところまではいい。その後、彼は卵を取り出すと、フライパンでジャージャー炒め、卵焼きをドボンと焼酎のコップに放り込んでにっこり微笑んだ。

「はい、ゴンド・アラ」

ちがう！　これは「卵酒」じゃない。「卵焼きが入った焼酎」だ。やっと理解したのは、ブータンではときに酒と肴も一緒にしてしまうということ。山村では卵焼きも御馳走の部類だ。

しかたない。まずスプーンでコップの中の卵焼きをザクザク突き崩してから、ぐちゃぐちゃにかきまぜて飲んだ。卵焼き混じりの熱い焼酎は、飲み物なのか食べ物なのかも定かでなく、決して美味いものではなかったが、なんだか不思議な懐かしさがあった。そして飲み（食べ）終わると、日本の卵酒同様、とても元気が出た。

卵といえば、タイには「カイ・ルーク・クイ」という、世界的にもひじょうに珍妙な卵料理がある。

珍妙の理由は二つあるが、まずはその調理法。これは「ゆで卵を揚げた料理」なのだ。卵をゆでた後に揚げるなんて普通は誰もしない。しかも宴会料理の一つだという。一度、知り合いのタイ人シェフに作り方を見せてもらって納得した。けっこう手がかかっているのだ。

この料理の陰の立役者はソース。強い酸味をもつタマリンドの熟した果実をお湯で溶かし、それにふんわり甘いココナッツシュガーを混ぜる。さらに市販のフライドレッドオニオン、ナンプラーを加え、スプーンでずっとかき混ぜながら五分ぐらいかけて煮詰める。

次は主役の卵。こちらはシンプル。鍋にたっぷりの油を強火にかけ、そこに殻をむいたゆで卵を入れるだけ。卵の表面がジワジワと熱されていく。ツルンとしたきれいな肌が、無残にも火傷していくようで、なんだかとても痛々しく、思わず「わー、もうやめて！」と叫びたくなってしまう。

ツルンとした「お婿さんの卵」

卵はやがて程よいキツネ色になり、表面はシワシワになる。ここまで来ると、もう笑うばかり。なぜか？カイ・ルーク・クイとは、「お婿さん（娘婿）の卵」という意味なのだ。卵の本意は揚がったこのブツを見れば一目瞭然であろう。

それにしても、料理に下ネタを用いるとは。しかも「お父さん」でも「お兄さん」でもなく、「お婿さん」とは妙に生々しい。世界で最も珍妙な名前の料理ではあるまいか。

たしかに、酸味をともなったこってりと甘いソースをかけた、このフレッシュなタマタマは、まさにお婿さんという力強さと初々しさと品の良さに満ちているのであった。

インドカレーの悲劇

私にとってインドカレーとは「悲劇の料理」である。

まず出会いからして悲惨。私は人生初の海外旅行がインドだったのだが、現地の食堂のカレーがあまりに辛くてほとんど食べられなかった。今の若い人には信じられないかもしれないが、八〇年代半ば、私の身の回りには唐辛子の入った料理や食品は皆無。「辛い」とは「塩辛い」の意味だった。

それがインドに行くと、どんなにライトなカレーでも、日本のカレーライスの辛口よりはるかに辛い。だいたい二口か三口で口の中が火の海になり、置いてある水をがぶ飲みするが、舌が痺れて半分も食べられない。しかも不慣れな唐辛子のせいか、食堂の水のせいか、毎日激しい下痢。

私は食事をとらなくなった。サモサなどスナックの類い（これらは辛くない）を屋台で買って食べるだけ。でもさすがにこれでは体力がもたないから、せめて夕食くらいはちゃんとご飯を食べなければと思った。なので、日が暮れて食事時が近づくとたまらなく憂鬱になった。

二回目にインドへ行ったときは、タイに暮らした後だったので、唐辛子の辛さには慣れていたものの、インド料理は美味くなかった。どうにも刺激が強いだけで味は単調だし、インド米はタイ米よりパサパサしてまずいという印象しかなかった。
　そして、三回目のインド。このときはインド東部の海岸で目撃された謎の怪魚探索が目的だった。日本人の目撃者によれば、怪魚は漁師の網にかかっていた。全長二メートルくらい、シーラカンスに似ていて全身に鋭い棘《とげ》がびっしり生えていた。この怪魚、一体どうするのかと漁師に訊いたら「カレーにして食う」とのこと。こんな未確認生物のようなすごい魚もカレーなのか、と目撃者の人も呆れたという。

中級以上のインドカレーは別物!?

　俺もその怪魚カレーを食べたい！　と思ったわけではない。もしかしたらまだ知られていない古代魚の生き残りかもしれず、「世紀の大発見をするぞ！」という意気込みだった。現地オリッサ州の公用語であるオリヤー語を習ったり、魚を見つけた際に鑑定してもらうよう日本の著名な古生物学者に協力をお願いしたりして万全の準備を整えてインドへ向かった。
　ところがそこにはまたしても想像を絶する悪夢が待っていた。降り立ったコルカタ国際空港のイミグレーションで入国を拒否され、そのまま身柄を拘束されてしまったのだ。実は前回、インドに――やむを得ずなのだが――密入国してしまい強制送還されていた。そのときの記録がちゃんと残っていたのだ。

世紀の大発見どころか世紀の茶番劇である。意気消沈しているうえに、ひいていた風邪が悪化して熱まで出ていた。食欲など皆無な私のところへアルミパックに入った（おそらく空港職員用の）弁当が運ばれてきた。カレーの匂いがする。「こんなもん、食えるか！」と思った。今、この世でいちばん食べたくないものだった。

でもせっかく持ってきてくれたんだし、と形ばかりスプーンですくって口に入れたら驚いた。むちゃくちゃ美味い！　辛さはほどほどでスパイスは複雑かつまろやか、柔らかく胃におさまっていく。米もパサパサというより、「軽い食味」で、喉の通りが実にいい。

どうやら今まで旅行中に食べていたのは単に安食堂のもので、同じカレーも中級以上になれば、別物らしい。弱って干からびた心身がみるみるうちに緩み、ほどけていく感じがしたほどだ。

インドカレー、すごい!!　と開眼したのだが、時すでに遅し。その後強制送還された私はいまだにブラックリストに絶賛掲載中でインドに入国できない。

本場のインドカレーは私にとって文字通り、「悲劇の料理」なのである。

泣きっ面にワサビ

食材自体は普通なのだが、どうしてこんなところでこんな風に食べなきゃいけないんだ！　と思わず叫びそうになることがある。

初めてブータンへ行き、馬のキャラバンを仕立てて山を歩いて調査を行っていたときのこと。高山は二十年ぶりという私は標高三千三百メートルくらいあたりからキツイ高山病の症状を呈しだした。呼吸が苦しい上、頭が痛い。脳味噌を真綿で締め付けられているようなのだ。足も思うように動かず、ときどきグラッと体が傾く。一度など、岩場で崖下に転落しかけた。すぐ後ろを歩いていたブータン人のパートナー、ツェンチョ君がガシッと摑んでくれて助かったが、危ないところだった。

真っ青になった彼は真剣な顔で「タカノさん、これを食べて下さい」と言って白い物体を差し出した。なんと生のニンニク。

ブータンでは、「高山病にニンニクが効く」という説があるという。単なる迷信としか思えないが、他に何の手立てもない。生のニンニクをかじった。もちろん、美味くないし、何も変化はない。

しばらく少し歩いては腰を下ろしてニンニクを齧って休むという動作を繰り返してい

たが、そのうち喉が渇いてきた。ちょうど湧き水があったのですくって飲もうとしたら、ツェンチョ君に「それもダメ！」と止められた。「ブータンでは山の水を飲むと高山病がひどくなると言われてます」

むうう、そんな言い伝えにも従わなければいけないのか。

しかし、間抜けなことに、われわれの一行は誰も水を携帯してなかった。山には湧き水があるから心配ないと聞いていたからだ。

「あるのはこれだけです」とツェンチョ君が差し出したのはなんとファンタ・オレンジのボトル。しかたない。それを飲んだ。生ニンニクのえぐみとファンタの甘ったるさが得も言われぬハーモニーを奏でていた。なぜ、ヒマラヤの山中で、意識朦朧《もうろう》としながらこんなものを飲み食いしてるのか。でも、あまりのまずさに目が覚め、再び歩く元気が出てきたから全く無意味だったわけでもない。ありがとう、ツェンチョ君。

最悪の状況で最悪のものを食べた経験は他にもある。

中国雲南省のミャンマー国境の町・瑞麗《ルイリ》にいたときだった。ここから国境をこっそり越えてミャンマーの反政府ゲリラ支配区に入ろうとしていたのだが、この町で連絡をとったゲリラの中堅幹部がなんともいけすかない奴だった。

高そうなゴールドの時計をはめ、「この前、国境の貿易で十万元儲けた」とか「昨日は麻雀で六千元すっちまった」などと自慢する。当時の中国人は平均の月収が一千元に満たなかったから驚く。どうやら中国とミャンマーの軍・警察と結託し、荒稼ぎしているらしい。

私はさっさとゲリラ支配区に行き、この成金野郎におさらばするつもりだったが、その前にとんでもないことが起きた。宿の部屋で寝ているとき泥棒に入られ、有り金一切を盗まれてしまったのだ。しかたなく成金野郎に頭を下げて、当座の生活費を借りた。まったく忸怩《じくじ》たる思いだが、私を配下に従えた彼はご機嫌。

瑞麗のサトウキビ売り

「まあ、元気を出せ。うまいもん、食わせてやるよ」

と連れて行かれたのはなんとマグロの刺身を出す店。こんな山間《やまあい》の田舎町では相当の贅沢品だ。

しかも彼は店員に言って、日本製の醬油とチューブの練りワサビを持ってこさせた。「これが美味いんだよな」と言いつつ、醬油を小鉢に注ぐと、チューブをぎゅうっと一気に絞り上げた。唖然。成金野郎はそれが贅沢だと思い込んでいるのだ。そして大量のワサビと醬油を箸でぐちゃぐちゃにかき混ぜて言った。

「さあ、遠慮なく食え」

しかたないから箸をつけたが、マグロはまだ半分凍っているうえ、ワサビが強烈なこと。そりゃそうだ。チューブ一本入れてるんだから。
泣きっ面にワサビ。
私は悔しくて辛くて、涙を流しながら冷凍マグロを食べたのだった。

世界遺産の真ん中で水牛の生肉を食らう

昔、タイのチェンマイに住んでいたとき、市内に激安のステーキを出す店を見つけた。喜び勇んで食べてみると、固くてまずい。あとで、知り合いのタイ人に「あれは水牛の肉だよ」と笑われた。タイでは当時、まだ田畑を耕すために水牛は欠かせない動物だったが、食用にはしていなかった。他に水牛肉を出す店について聞いたことがない。

タイだけではない。以後、中国から東南アジアまで水牛のいるエリアを広く旅しているが、水牛食には出会っていない。ただ、つい最近、知人から「前にネパールへ行ったとき、少数民族の祭りで水牛の皮付き肉をもらって食べたけど、すごく固いし毛がついているし、食べられたものじゃなかった」と聞いた。

水牛はあくまで労働用の家畜。今で言えばトラクターみたいなもの。固くてまずいから普通は食べない——。これまでの体験と情報からそう思っていたが、先日、ネパールで突然、水牛肉に遭遇してしまった。

日本語が達者で、カトマンズ市内でレストランを経営している友人のミランさんに招かれ、彼の店で夕飯を御馳走になっているときだった。ここは美味しいことで有名なタカリ族の料理を出すが（奥さんがタカリ族）、本人はカトマンズ盆地に古くから住むネワ

世界遺産で居酒屋を営む美人女将

ール族。メニューにはない、ネワール料理をいくつか出してくれ、その中に「水牛肉のモモ（ネパール風餃子）」があった。水牛を口にしたのはチェンマイ以来、二十五年ぶりだ。

　挽肉なので固いことはないし、ヤギや羊のものと比べても癖がなく、食べやすい。知らなければ牛肉だと思っただろう。もっともヒンドゥー教では牛は聖なる動物なのでネパールで牛肉はありえない。水牛は牛じゃないのでいいとのこと。

　ミランさん曰く「ネワール族は水牛が大好きです。生の肉も食べますよ」。

　水牛を生で？　これには驚いた。他の国では食べ物とさえ見做《みな》していないのに、素晴らしい飛躍だ。だいたい、日本と韓国以外のアジアで動物の肉を生で食べたことがあったろうか。

　早速、翌日、水牛の生肉を出すという食堂を訪ねた。場所はカトマンズの町から東へ十五キロほど行ったところで、なんと世界遺産バクタプルの中にあった。

　十五世紀から十八世紀にかけて栄えた三王国の王都の一つだ。チベット風な古い寺院や町並みがそのまま残っている。ブータンを舞台にしたベルトルッチ監督の映画「リトル・ブッダ」はここで撮影されたという。

ミランさんの家は先祖代々続く司祭の家系。お父さんはバクタプルで最も尊敬される司祭だそうだ。ちなみに、司祭をつとめるのはバラモンのカーストに限られるが、このカーストはなぜか水牛を食べてはいけないという。だから、ミランさんも水牛料理は食べない。食べない人が料理の案内をしてくれるというのも妙な話である。

世界遺産なので外国人は入場料千五百ルピーをとられる。水牛肉のためにカネを払っているのは私だけだろう。食堂は世界中から来た観光客や土産物屋であふれる道からほんの三メートルばかり入った路地にあった。なぜか、昼飯どきなのに店の木の扉は固く閉じられている。

ミランさんが外から電話してやっと開けてもらった。中は狭くて薄暗く、ミャンマーやバングラデシュの田舎の片隅にあるような食堂。しかし、女将《おかみ》はゴールドに赤の模様をあしらった服を身につけ、お洒落でキリッとした姐御風の美人。なぜ、こんなところにこんな人が？　と思う。

目が慣れてくると、得体のしれない食材とも料理ともつかないものが視界に入ってきた。真っ赤なプディングみたいなもの、真っ黄色の太いゴム紐のようなもの……。一体何なんだ、これは？

斬新すぎる水牛グルメ居酒屋

食堂に入ると、正体不明の不気味な食材や料理がテーブルに並んでいて目がチカチカした。説明を受けて驚いた。この店には水牛の正肉はほとんどない。内臓とそれ以外の部位である。

案内役の友人、ミランさんによれば、ネワール族はネパールでは例外的に、水牛を丸ごとほぼ全部食べるという。「食べないのは骨と尻尾と角だけ」とミランさん。理由の一つは、昔、カトマンズ盆地ではヤギや羊が少なくて人口も密集していたから。さらにネワール族はドゥルガー神への信仰が強い。この神様には水牛を供犠《くぎ》する。後で人が食べるのだが、神様にあげたものだから全部残さず食べるべきだと考えるとのこと。

とはいえ、この店の料理は驚異的に斬新なものばかりだった。

まず、「コチラ」。私が目的にしていた生肉だ。この店で用意している唯一の「正肉料理」でもある。水牛の肉を包丁で細かく刻む。次に生姜、ニンニク、クミン、卵を熱した油に入れ、少し火を通してから肉にざざっとかけて混ぜる。最後は手で念入りに練り込む。パクチーとネギを入れたら出来上がり。

「生の肉」というから相当えげつないものを想像していたが、意外にも洗練されて見た目も美味しそう。口に入れると香ばしい。油をかけているから生臭さは飛んでいる。でも生の肉ならではの旨味は残っている。今朝届いたばかりの新鮮な肉は柔らかい。まるで熊本の良質な馬肉のたたきみたいだ。「水牛＝固い、まずい」という私の固定観念は一気に覆された。絶品である。

美味のもう一つの理由は油。「菜の花の油」だというが、無味無臭な日本の同名商品とは異なり、ごま油に近い、うっとりするような香り。そのせいか、韓国のユッケにも似た印象を与える。

すこぶる酒に合う「水牛ユッケ」

「お酒が飲みたくなるねー」と思わず口走ったら、美人女将（名前はギタなので、ギタ姐さんと呼ぼう）とミランさんはくすっと笑った。

「何、飲みます？」と彼が訊くので耳を疑った。ふつう、アジアの食堂では昼に酒など出さない。私のためにわざわざ外から買ってきてくれるのかと思いきや、冷蔵庫の中にビールがどっさり入っていた。よく見れば、棚の上には蒸留酒とおぼしき酒の瓶がぎっしり。

なんとこの店は居酒屋だった。だから昼間は閉まっている。今は仕込みの時間だった。そして、ここの料理はすべて酒の肴なのだ。気風《きっぷ》がいい美人女将が仕切っているのも納得だ。まさか世界遺産のど真ん中に庶民向けの飲み屋があるとは。ビールを一杯やりながら、続いて「ザンラ」（水牛の皮ピリ辛和え）。

水牛皮はつい最近、「毛が残っていて固くてまずい」と聞いたばかりだったので警戒モードが高まる。

ギタ姐さんは水牛の皮の毛をよくとり、丁寧に洗ってから一口大に切った。そして、先ほどの「たたき」と同様、クミン、生姜、ニンニクを入れて熱した菜の花油をザッとかけて和える（「熱した油をかける」はネワール料理の得意技。そのために熱した油がたっぷり入った中華鍋が常時、コンロの火にかけられている）。塩、唐辛子で味を調え、仕上げにネギとパクチーをふりかける。

これまた「生であって生でない」という絶妙な味わい。食感は豚耳の冷菜に多少似ているが、もっと噛み応えがある。でも固くはなく、しゃりしゃりと口の中で心地よく咀嚼され、すっと喉を通る。「歯切れがいい」とはまさにこのことか。

美味しさも珍しさも世界遺産レベルだ！……なんて興奮していたが、まだまだ序の口だった。

水牛の脊髄ちゅるりん炒めに脊髄反射！

世界遺産の中で世界遺産級に珍しくて美味な水牛料理に舌鼓を打っていた私。だが、このあとは驚愕の食材が連発した。

入店当初から、台におかれた皿に、真っ黄色の細い管がとぐろを巻くように載せられているのが気になっていた。太さ約一センチ、長さ一メートル弱。見るからに「異形」。小腸かと思うが、そのわりにはウネウネしておらずゴムホースのように滑らかだし、だいたい中身がつまっていて管ではなかった。「一体何だ、これ？」首をひねっていると、案内役の友人ミランさんが流暢な日本語で言う。

「これ、なんて言うかな、背中を通ってるズイみたいなもの……」

え、脊髄!!　思わずピンと背筋を伸ばしてしまった。まさに脊髄反射だ。

しかし、他の動物でも脊髄を食べるなんて聞いたことがない。少なくとも私は知らない。ネワール族の言葉では「ティソ」。これはすでに茹でてターメリックで色づけしてあるという。おそらく、そのままの色だと気持ち悪いので色をつけたのだろうが、不気味さはいささかも減じていない。指でつまむと案の定、ぶよぶよしている。

美人女将のギタ姐さんはこれを包丁で一口大に切り、タマネギ、ニンニク、黒ごまの

鮮やかな黄色の脊髄〈調理前〉

ような見かけのネパール人の好むスパイス、ジュラ(キダチトウガラシ)と一緒に手際よく油で炒める。ようやく料理らしくなり、一安心。

食してみれば、もっちりとしたマシュマロのような歯ごたえで、ちゅるりん、ちゅるりんという喉ごしが独特。味はあまり感じない。それこそマシュマロやコンニャクのように、味よりも食感を楽しむ料理か。

正体不明で他の動物の肉でもお目にかかったことがないという点では、次の「ツォヒ」もすごい。平たい鍋にびっちり詰まっているものを指さし、ミランさん曰く、「血です」。

「は⁉」である。だって白い煮こごりなのだから。見てくれは牛乳プリンっぽい。「ミルクでしょ?」「いえ、ミルクじゃない。血です」「血じゃないでしょう」としばし押し問答。するとミランさんは自分の首筋を人差し指でたどりながら、「ここを通っている白い血」と言う。それはもしやリンパ? よく知らないが、老廃物が流れるところと聞いた憶えがある。目の前にあるものは元は液体というから、器官ではなくリンパ液か。

あとでネットで調べると、リンパ液は無色透明な液体で白血球を運んでいるという。

それればかりか、「不要になった老廃物や蛋白成分・ウイルスなど病原体を回収しながら、集合リンパ管（リンパ管）を通して心臓へ送る下水道の様な役目をする液体のこと」とも説明されていた。いいのか、「下水道」を料理して食べて。日本の保健所もビックリだろう。

私の驚き顔にギタ姐さんはフフフと笑い、鍋からプリンを切り分けるように一口大に切ると、塩、唐辛子、スパイスだけでサッと炒めた。口に入れると、ぷるぷるして豆腐か寒天かプディング。ほんのりミルクっぽい。思えば、乳も血の一種だというから〝類似商品〟なのかもしれない。塩味のミルクプディングと言っても、知らなかったら信じてしまうだろう。誰か、女性を騙して食べさせたくなる。

さて、リンパ炒めのあとは、外見が最高に異様な「ソンニャ・クワン」。なにしろ、大きな平たい皿に真っ赤な物質が充満している。見ただけでは固いのか柔らかいのかもわからない。

案内役のミランさん曰く、「水牛の頭を全部煮たもの」。

「全部って何？」と訊くと、「全部と言ったら全部ですよ」と彼は笑った。本当に水牛の頭をただ洗っただけでそのまま鍋に入れて煮るんだという。

「暴風味」が襲いかかる頭蓋丸ごと煮

ネパールの世界遺産の真ん中にある水牛超絶居酒屋。尋常でない食材と料理に驚きっぱなしだが、これからいよいよ佳境。次は本当に水牛の頭をそのまま鍋に入れて煮た料理が登場した。

「ただ脳味噌はとります。脳味噌を入れると酸っぱくなるから」と不思議な説明をするミランさん。たしかに脳味噌は別の皿によそってあった。脳味噌が酸っぱいとは初耳だが、試食しなかったのでわからない。この店では、脳味噌なんて地味すぎて興味を覚えなかったのだ。

調理に話を戻して、頭。脳以外の部分を目も鼻も耳も皮も骨も全て圧力鍋に入れて三十分煮る。それから骨を取り除き、残りの部分を今度は普通の鍋で煮込む。三時間したら、発酵した小さな川魚（ネパールではダシとしてよく使われる）、塩、唐辛子を加え、さらに三時間煮る。

中身がとろとろになったら火を止める。最後にザルで漉《こ》し、液状の部分にターメリックとライムを足すと出来上がり。真っ赤な色は血と体液とターメリックが混ざった結果か。冷やすと煮こごりになる。スプーンですくい取ると、上の方は透き通っていて寒天のよう、下の方は肉質が沈殿している。

　街角の居酒屋で出すには驚くほどの手間だ。圧力鍋が普及する前は一体何時間煮たのだろう。

　試食すると恐ろしく辛い。ネパール料理は一般にはそんなに辛くないので驚く。だが、やがてその辛みの中から、凝縮された臓物臭とも獣臭ともつかない風味ならぬ「暴風味」が舌と鼻孔と脳に押し寄せてきた。むうう、色づけがグロい見かけをごまかすためなら、この激辛は匂いと味を多少なりともごまかすものだろう。

水牛髄液がほとばしる胃袋包み揚げ

　こ、これはもっと強い酒がいる！　と、慌ててネパール産のウィスキーをもらう。樽で発酵させていないらしく透明だが、たしかにウィスキーの味。そして、この強烈な水牛頭丸ごとプディングに合う。顔をしかめて食べては喉を焼きながらグイグイ呷《あお》る。いつしか、私は完全にネワール族の酒呑みオヤジと同じモードに入っていた。
　そして、いよいよ真打ちの登場。並み居る水牛ゲテモノ料理を押しのけて「最強」の名を手にしたのは（私が決めただけだが）、「ソブ・ミツァ」。あえて日本の居酒屋風に命名すれば「水牛の髄液胃袋包みカリカリ揚げ」。

足の骨から髄を取り出し、薄いピンクや薄茶色の胃袋の皮でナツメくらいの大きさに包み、糸で縛ったもの。これは食べる直前に調理する。といっても、油で二、三分揚げるだけ。油から引き上げると、色が黒ずんでいる。「熱いうちに食べてね」とミランさんがせかすので、手で触れるようになったら糸で縛った部分を指でつかみ、一気にかじる。

熱い胃袋の皮はカリカリだが、それが決壊すると、とてつもなく濃厚な汁が流れ出た。口が髄液でふさがってなければ、「うぉおおお！」と叫んだところだ。正直な感想は「こんなもの、食べていいのか？」。

シンプルな塩味で決してまずくない。ただ、猛烈に濃い。人生でこれ以上、濃い液体を口にしたことはない。油より濃い栄養素の固まりといった感じで、決して頑健でない私の心身の許容範囲を超えている気がする。

いや、参った。気づけば、腹の中がポカポカと温かい。旅の疲れがたまっていて、寝不足で、しかも相当飲んでいるのに、体が元気いっぱいになっていた。しかも、あろうことか、下半身が硬くなってきた……。

この店、酒好きなオヤジたちが精力もつけるところだったのか。まさに世界遺産として登録されるべき、超弩級《どきゅう》の飲み屋だった。

III

東南アジア

思わずトリップするワンダーフード

花心香る竹もちは国境へ誘う

タイは世界屈指の食文化大国。高級レストランでも屋台でも家庭でも、どこで食べても美味いのが特徴だ。そして買い食いやお土産の類いも充実している。中にはかなり風変わりなものもある。

まず、思い出すのはドリアン・キャンディ。ご存じ、フルーツの王様と呼ばれるあのドリアンである。私はドリアンがけっこう好きで、チェンマイに住んでいたときは、時期になると食べていた。

最初に食べたときは「げ、まずい！」と思ったが、慣れてくると、ねっとりとしたカスタードクリームのような果肉が何とも言えない。ただ、なぜか毎回、細長い固まりを一個分ほど食べると、急に「ウッ」とくる。それまで楽しんでいた独特の風味が突如、排泄物か腐肉のように感じるのだ。それでも期間を置くとまた食べたくなるから不思議だ。

そのドリアンをお菓子にしたものだが、キャンディと名付けられてはいるものの、食べてみると羊羹《ようかん》かういろうに近い。熟したドリアンの実をほぐし、砂糖を加えてパッケージしている。色は原材料のドリアンの熟し具合によってちがう。黄色っぽいものもあれば、オレンジや茶色に近いものもある。この辺が見るからに怪しい。味は……かなり微妙。というか、これを喜んで食べる人の気持ちが正直わからない。慣れのせいかと思って何度か食べたが、ドリアンとは逆にどんどんまずく感じる。特に、熟しすぎたドリアンを使用しているものにあたると、口の中がむれむれしてくるようで、いきなりウッとくることもあった。

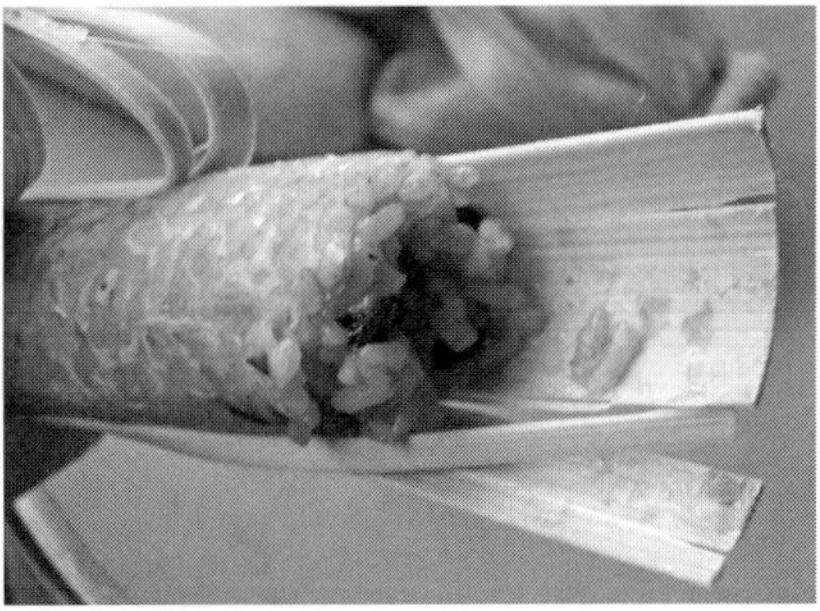
ポイ捨てしてもエコな竹もち

見た目のヘンさ加減ではカノムジャック。バスターミナルでよく販売されているが「どうして葉っぱの束を売ってるんだろう?」と最初は不思議だった。実はこれもお菓子。もち米をココナツミルクと砂糖で炊きあげ、それをなめらかに潰し、幅約二センチ、長さ約三十センチに切ったヤシの葉の間に挟んで火で炙《あぶ》ったもの。

上品な甘さとココナツミルクならではの香りが、いかにも南国のデザートという感じ。ヤシの葉をペリペリとむきながら食べればいいので手も汚れないし、トロピカルな旅情がある。

旅情と言えば、タイ北部の田舎、それもミャンマーやラオスの国境に近い場所に行くと、いつも買うおやつがある。

市場やバスターミナルで売っている長さ三十センチほどの細い竹の筒。「カオラム」という名前があるのに私は勝手に「竹もち」と呼んでいる。竹の中にもち米（赤米）とあずきを詰めてココナツミルクを流し込み、焚き火で二時間ほど炙るという。すると、外側は焼けて中は蒸し焼きになる。焼けた竹の表面の皮をはがし、柔らかい内皮だけが残されている。丸一日くらいもつので、お弁当代わりのおやつとしてうってつけだ。

近代化が著しいタイだが、この竹もちを見ると、「ああ、辺境に来たんだなあ」という感慨に浸れる。これを二、三本買い込み、バス旅のおともにするのが私の習慣だ。

この辺のローカルバスは今でもエアコンなど効いていない。小型の扇風機がうんうん唸り、その微々たる風に煽られ、はがれかかった高僧ポスター（タイ人は有名なお坊さんのポスターが大好き）がパタパタはためいている。

道もバスのスプリングも悪いため、バスはガタガタと揺れ、隣の座席においた竹もちもぽくぽくと跳ねる。跳ねてどこかへ飛んでいきそうになるので、早めに食べることにする。

つぼみを食べるように外側の皮を剝くと、それこそパッと花が開いたような形になる。あらわれた花心ならぬ、もち米を食べるとほんのり甘く香ばしい。

皮は片っ端から窓の外に放り捨てる。すべて土に還るし、人口も少ないから全然問題ない。

もち米を堪能し、皮をすっかり捨て、ついでに窓から手を出してパンパンはたくと、おやつ時間終了。気分はタイ北部の地元民になっている。自分が日本で生まれ育った人間じゃないような錯覚にとらわれる。そんな心持ちの私を乗せ、バスは国境へ向かっていく。

昆虫調味料とタランチュラ

昆虫食は世界中にあり、私もいろいろ食べてきたが、中でも印象深い虫が二種類ある。ともに虫料理としても〝異色〟のもので、ともに妻と旅行中に出くわした。

一つはタイ南部の町ハジャイで食べたタガメ。田んぼに棲んでおり、大きな鎌のような前肢で小魚やカエルなどを捕まえる水棲昆虫だ。「すごく美味しいタガメ料理がある」と聞き、地元ホテルのコックさんに調理を見せてほしいと頼んだ。

ホテルのキッチンに行ったものの、面食らったのは用意された食材の少なさ。アブラゼミを平べったくしたような体長約十センチのタガメがたった一匹、あとはエビを塩漬けにして発酵させた味噌のような「ガピ」、唐辛子、ニンニク、以上。

え、これで料理になるの？　と訝《いぶか》るが、コック氏は平然と料理を始めた。まずガピをフォークの先につけてガスの火で炙る。こうすると香りがよくなるとのこと。次に主役であるタガメをガピと同様にガスの火で三十秒ほど炙る。そして背中の羽根をとると、下から小さくて薄い肉が現れた。

その肉の匂いを嗅いでビックリ。なんと甘酸っぱいライムのような匂いがするのだ。実はこの香りがタガメ料理の胆だった。

このタガメ肉をガピ、ニンニク、唐辛子と一緒に石臼ですり潰し、水を注ぐと出来上がり。名称は「ナンプリック・メンダー（タガメのピリ辛ソース）」。実はこれ、「ご飯の供」としてハジャイでは絶大な人気があるとのこと。たしかにご飯と一緒に食べると、唐辛子の辛さとガピの発酵した旨味としょっぱさ、それにタガメ独特の爽やかな風味がたまらない。ライムとミョウガとゆずが合わさったような風味なのだ。

これは日本の食材との相性もよさそうだ。例えば冷や奴にのせるとか、キュウリと一緒に和えるとか、蕎麦の薬味にも使ってみたい……。

和食に合う昆虫があるとは夢にも考えたことはなく、まだまだ世界は広いと驚いた。

もう一回はメコン川沿いをバスで旅していたときだった。

カンボジア中部の小さなバスターミナルで休憩していると、女の人たちが大きなざるを頭にのせて何かを売っているのが見えた。ざるの中には体長十センチもある巨大グモの素揚げが山盛り。思わずバスを降りた。

現地では高価な巨大グモ

アジアでは路上売りの食品の一つくらい

味見しても文句を言われないので、そのタランチュラそっくりのクモをひょいとつかみ、口の中に放り込んだ。そのまま歩いて行こうとしたら、売り子のおばちゃんと周りの人がすごい形相で私を取り囲み、怒りだした。このタランチュラ、日本円で一匹十五円ほどなのだが、この国では決して安価なおやつではなかった。

それは悪いことをしたと、お詫びの印に十個買い、ビニール袋に入れてもらった。バスの中に戻って妻に見せると、彼女はぎょっとした。「なに、これ？　クモくさい！」

今まで私と一緒の旅で、どんなゲテモノでも平気で食ってきた妻が拒否したのは後にも先にもこの巨大グモだけである。どこが「クモくさい」のかよくわからないが、「埃っぽい匂いがする」とのこと。

私は気にせず、ビニール袋から一つずつつまんでバリバリ食べた。たしかにちょっとカビくさい感じはするが、サクッとして、エビか小魚の揚げ物みたいである。ビールのつまみによさそうだが、ちょうどこの日、風邪を引いて朝から熱があった。ビールを飲む気がわかず、巨大グモも四匹食べたら胸焼けがしてきた。あとはぐったりしてバスに揺られるのみ。

その晩、カンボジアとラオスの国境の町で、私は安宿のベッドに倒れていた。高熱のため憶えていないのだが、妻によれば、「何か食べたい。俺、朝からクモしか食べてないんだよ……」と繰り返していたという。

タイの前衛的ワインと虫の缶詰

アリ（蟻）はタイやミャンマーなどで食されている。大学院生だった私の友人はイサーン（東北タイ）の田舎の家庭を調査で訪れたとき、アリの入った炒め物を食べたことがあるというが、私は見たことがない。ただアリの卵は何度か食べている。印象に残っているのはやはりイサーンだ。

彼の地は世界でも最も昆虫食のバリエーションが多く、「昆虫食のメッカ」とも呼べる地域なのだが、「新たに『虫の缶詰』が開発された」というニュースを聞きつけ、バンコクから列車とバスを乗り継ぎ十時間以上かけてサコーンナコーンという田舎町へ取材に行ったのである。二〇〇〇年代の初めのことだ。

場所はサコーンナコーン農業貿易研究所。日本の農業試験場に近い存在だ。訪れると研究員の人に温かく迎え入れられたが、「虫の缶詰を作ったきっかけはここで開発したワインに合うつまみを作ろうと思ったことです」と言われ、頭の中が「?」マークでいっぱいになった。

熱帯多雨のタイではブドウは作れない。そして、少なくとも当時タイでは、ワインなど、バンコクに住む富裕層しか飲んでいなかった。しかもそのつまみに虫?

生々しいイラスト付きの虫の缶詰

私のタイ語がよほど下手なのかと思ったが、研究員の人はちゃんとワインのボトルを持ってきた。

その人の説明でだんだん謎が解けてきた。

ここでは土地の特産品を研究開発している。ワインもブドウではなく、土地の果実を使用したもの。〝赤ワイン〟用には、マオという深紅の実がなるヤマブドウに似た植物を使用している。とても丈夫、というか野生に近い植物なので、無農薬で育ち、ビタミンEも豊富である。「健康にとてもいいんです」と研究員の人は強調する。ちなみに、白ワインはタクローという別の果実を使用しているとのこと。

さっそく味見させてもらうと、どちらも味といい香りといい、ワインそのもの。ただ惜しむらくは酸味が強すぎるし、コクも足りない。

聞くと、「製造して出荷まで三カ月」という。熟成させてないのか。

「一年ぐらい寝かせたら熟成して美味しくなるでしょう……」と指摘したのだが、研究員の人は「最近は土地の名物として人気が高く、注文に生産が追いつかない状態なんです」と答える。研究所がそんなに目先の商売に走らなくていいだろうと思うのだが……。

それにしても驚きなのは、研究所のスタッフの誰ひとりとして外国でワインの造り方を学んでいないこと。それどころか、ワインをろくに飲んだこともないらしく（高級品だから無理もない）、ヨーロッパで出版されている「ワインの造り方」みたいな本を読みながら、ワインを開発してしまったという。しかもブドウではなく、全く別の果実を使って。

そんな前衛的（？）な手法でここまで完成度の高い商品を創りあげてしまうのだから、タイ人の食のセンスと鋭敏な味覚には恐れ入るしかない。

続いて彼らはその天性の美食センスで「虫の缶詰」に取り組んだ。現地で食される多種多様な昆虫の中から栄養面と味覚の両方から「ワインに合う虫」を徹底的に探した。ちなみに缶詰にこだわったのは、商品流通のためだけでなく、虫が捕れる時期が主に暑季の初めと雨季の初めに限られるので、オフシーズンにも食べられるようにという配慮からだという。

厳選されたのは、モグラコオロギ、ゲンゴロウ、蚕のさなぎ、バッタ、そして赤アリの卵だった。

虫の捕獲は近所の農家に委託している。捕獲と言っても、夜中にライトをつけて、その下に水を張った大きな容器を用意しておくだけ。朝になると、容器の中に虫がわさわさ浮いているというなんともシンプルな仕組みだ。

赤アリ卵とタイ・ワインのマリアージュ

タイ東北部の農家から集められた虫は研究所で調理する。だが、その方法は一般家庭とは異なる。なぜなら、ここで作っているのはあくまで「ワインのつまみ」用だからだ。まず、よく水洗いして鉄鍋でカラ焼きにする。このときにレモングラス、生姜、コブミカンの葉などの薬味も一緒に入れて、材料のもつ臭みをすべて消してしまう。軽く火が通ったら、自然乾燥させ、さらに塩、ナンプラーなどで味つけし、今度はオーブンで蒸し焼きにする。六十度の低温で三十分加熱するという。こうすることによって、しっとりと柔らかい仕上がりになるのだそうだ。

出来上がったものは五十グラムごとに分けて缶詰にする。五、六名しかいない研究員の人たちが手作業でせっせとやっている。なぜ、そこまでして商売に励んでいるのかは謎だが、おそらく、売れた分だけ彼らの収入になるのだろう。一日の生産量は百個が限度だという。

さて、研究に研究を重ね、さらに一つ一つが手間暇かけて作られた貴重な虫缶を味見させていただく。

研究員の人はガラスの皿に各種の昆虫を並べ、ワインと一緒に出してくれた。まさに

「ディナー」である。

まずは昆虫類。「おおっ」と思ったのはこれまで食べてきた昆虫食とは一線を画しているから。一言でいえば、マイルドなのである。

コオロギやバッタなどは一般の調理法だと、バリバリという歯ごたえが残り、口の中に足や羽根が引っかかる感じさえあるが、これは噛むとさくっと柔らかく崩れて、なんとも優しい食感。

洒落たオードブルのようなアリ卵

味もそう。佃煮ほど濃くないし、タイ料理、特に東北料理には珍しく唐辛子を全然使っていない。薄甘塩辛い味つけで、とても上品。飲み込むと喉の奥から鼻にかけてパクチーの香りがふんわり抜けていく。ゲンゴロウは背中の羽根をとるのがちょっと面倒だが（ここは固いので食べない）、同じように食べやすい。

うーん、さすが。ワインに合うように、薄味で柔らかく丁寧に仕上げている。

さて、最後はいよいよ赤アリの卵だ。実はお皿に盛りつけたとき、アリの卵を真ん中に置き、その周りに各種の昆虫類を並べていた。つまり、見た目にも「メインはアリ卵」とわかる。

そう、アリ卵は全てが別格なのだ。なにしろ、捕獲からして他の虫よりはるかに手間がかかる。夜のライトではアリの卵はとれない。ちゃんと巣を見つけ、掘り返さないといけない。しかも暑季の三月～五月の間しか見つからないという。缶詰の値段も、他の虫が一つ三十バーツ（当時、約七十五円）だが、アリ卵だけ五十バーツ（約百二十五円）。

調理法も異なる。卵を布に包んだまま湯がいてパクチーやナンプラーなどで作ったスープにつけ込んでいるのだ。

アリの卵と言うと数の子のような小さなツブツブを想像してしまうが、実際には長さが一センチほどもある巨大な細長い固まりだった。人にかみつく大きな赤アリがそのまま中に入っていそうな雰囲気なのだ。でも口に入れると臭みやクセは全くない。柔らかいが適度な弾力があり、口の中でとろける。

不思議なことに、これらの昆虫や、特にアリの卵と一緒に飲むと、この研究所で作ったマオ・ワインとタクロー・ワインの欠点が気にならなくなってきた。強すぎる酸味は緩和され、足りなかったコクが出てきたような感じすらする。

東北タイ・ワインは、東北の虫料理とセットで飲むようになっていたのか。タイ料理の奥深さに再度驚かされたのだった。

ハッピー・ピザでアラーキーになる

二十世紀最後の年だったと思うが、カンボジアの首都プノンペンの宿で妙な噂を聞いた。

市内のあるピザ屋でピザを頼むと店員が「アー・ユー・ハッピー？」と訊いてくる。そこで「イエス」と答えると大麻入りのピザが出てくる。名付けて「ハッピー・ピザ」――。

本当だろうかと首をひねった。当時すでにカンボジアは混沌の内戦状態を抜け出して、まともな国作りに邁進していた。大麻は当然違法であり、路上で声をかけてくる売人もいない。

半信半疑ながらメコン川沿いにあるその店に行ったのは「謎」を放っておけない性格のためだった。行ってみればピザ屋というより、かなりお洒落なイタリア料理店である。店の前には国連のマーク入りのランドクルーザーやベンツが止められ、中にいる客も裕福そうな外国人ばかり。とても大麻入りの料理が出てきそうな雰囲気ではない。

「やっぱりデマだったか……」と思いつつテーブルに着くと、カンボジアでは珍しいくらいの美人の女性がやはりこの国では珍しいほど愛想良くやってきた。ウェイトレスと

表面が真っ黒のハッピー・ピザ

いうよりマネージャーという落ち着きと品の良さだ。

私はオーソドックスにマルゲリータ・ピザを頼んだ。一枚五ドルは高いが、この程度の高級店では相場とも言える。女性は頷くとニコニコしながら「ハッピー？」と言った。なんと、噂通りの展開である。驚きながら「ベリー・ベリー・ハッピー！」と力を込めると、彼女は「ＯＫ」と言って姿を消した。

ビールを飲みながら待つこと約十五分。にっこり美人が持ってきた皿を見て、思わずビールを吹き出しそうになった。湯気を立てているピザの表面が真っ黒になっていたからだ。何かの粉をびっしりかけて焼いてある。

「これ、ハッピー・ピザ？」と訊くと、彼女は「イエース！」。カメラを取り出し、ピザと彼女に向けてパシャパシャ撮っても笑顔のまま。なんだろう、この屈託のなさは。謎は深まる一方である。

食べてみるとその粉はとても苦いが、焼いた大麻など食べたことがないから判断がつかない。そして、それ以外は香りも味も本格的なイタリアンのピザ。異様さが際立っていた。

ゆっくりとピザを食べ、そのあとビールをお代わりしてくつろいでいたら、やがて腹の底からもわっと暖かくなってきた。胃袋の中に温泉が湧いたような不思議な感覚だ。でも大麻を食べたことがないし、酒の酔いかもしれず、よくわからない。

わからないまま勘定を済ませ（メニューにあったピザの料金だけだった）、外に出ると妙に気分がいい。カンボジアが最も暑い四月のしかも午後一時過ぎ、日向の気温は五十度くらいに達していたと思うが、なぜか暑さを全く感じない。

目に映るものは何もかもが美しく、面白い。私はカメラで写真を撮りまくった。ふつうは人物を撮るときは「いいですか？」と声をかけるのに、このときは反射的にカメラを向けてシャッターを切ってしまった。直後に微笑む。すると、誰ひとり不愉快な顔をせず、微笑みを返してくれる。こちらがあまりに無邪気なので、ついつられてしまうらしい。いい写真がバンバン撮れる。

「俺、今、アラーキーになってる！」と思った。

そう思うと気分はますます高揚し、いつの間にか「ハッピー、ハッピアー、ハッピエスト！」と幸せの形容詞を大声で活用していた。

ホテルに帰るなりベッドに倒れ込み、そのまま十時間眠ってしまった。目覚めるとアラーキーではなく、ただの人に戻っていた。

いまだにあの粉が何だったのかよくわからない。

タイの爆発系（!?）ナマズ料理

ナマズというのは滑稽な魚だ。ヘンな髭が生えていて、「地震を起こす」などという古い伝説も畏怖の念とは無縁、単にマンガのネタにされているだけ。食べたり飼ったりする人もあまりいない。

昔は日本でも全国で普通に食されていたらしいが、田んぼで農薬が使われ、河川がコンクリートで固められたりすると数が激減。さらに流通の発達により、内陸部でも海の魚が圧倒的にポピュラーになると、どうしてもナマズのような川魚は「泥臭い」と敬遠されてしまう。かといって、ウナギのようなプレミア感はない。だいたい、ナマズ食における最大の障壁が、「共食いをするため養殖が困難」という理由だそうだ。なんて間抜けな魚だ。

現在では群馬県板倉町などで細々と郷土料理としてナマズの天ぷらなどが食されている程度らしい。

しかし、東南アジアでは状況は全く異なる。タイでもミャンマーでもベトナムでも、伝統的には魚といえば、海魚より淡水魚だ。熱帯雨林気候帯をゆったり流れるメコン川やチャオプラヤー川、イラワジ川にはナマズがわんさか棲んでおり、いまだに養殖の必要などない。滑稽なイメージもなく、むしろ〝魚界における不動のレギュラープレーヤー〟と呼んでもいいほど。当然、ナマズ料理も盛ん。例えば、ミャンマーの国民的な麺料理モヒンガーはナマズでダシをとったものが「本物」とされている。

　タイではどうか。ナマズの唐揚げや炭火焼き、燻製などいろいろあるが、いちばん有名なナマズ料理は「ヤム・プラードック・フー」だろう。これはすごく美味しくて私の好物だが、とても風変わりな料理でもある。

まるで爆発したような魚のフライ料理

　タイ語で〝ヤム〟は「和え物もしくはサラダ」、〝プラードック〟は「ナマズ」、〝フー〟は「サクサクした」とか「ふわふわした」という擬態語である。つまり直訳すれば「ナマズのサクサクサラダ」にでもなるだろうが、棒々鶏《バンバンジー》サラダみたいなものを想像すると全くの的外れになる。

　これはサラダでありながら、魚のフライ料理でもあるのだ。体長約三十センチほどのナマズが素揚げの状態でドーンと出てくる。頭も尻尾も食べられる。だが、それはあくまでオマケ。メインは身の部分で、これはまるでタヌキうどんの天かすのような粒状になっている。この粒一つ一つがナマズの肉なのだ。店によってはこれがくっついてかき揚げ状になっていることもある。

どうして、こんな状態になるのかわからない。私はひそかに「爆発ナマズ」と呼んでいるが、あまりに頭が悪そうなネーミングなので人に言ったことはない。

さらにその爆発肉の部分には甘酸っぱいタレがとろっとかかっている。一見甘酢あんかけ風だが、香りも味も明らかに中華ではなく、タイ料理のそれである。

このヘンテコな料理はタイではポピュラーながら、日本のタイ料理店のメニューでは一度もお目にかかったことがなかった。なので、本欄の担当編集者Y氏から「大久保にナマズ料理を出す店がありますよ」と連絡をもらい、しかもそれがヤム・プラードック・フーであることを発見して、ちょっと興奮してしまった。

早速、取材のアポイントをとり、「バーン・タム」というその店に行ってみた。

シェフのタムさんは日本のタイ料理好きの間で「スターシェフ」と呼ばれる存在とのことで、店にも彼の巨大な顔写真が貼られ、まるで芸能人のレストランのよう。しかし、本人は浮ついたところのない、本物の料理人だった。

二畳くらいしかない狭いキッチンの中を助手である甥っ子と二人でくるくると動き回り、複雑な作業を、驚くほどの速さでこなしていった。

ナマズは本当に爆発していた！

魚料理とサラダの中間であるタイの不思議な料理、名付けて「爆発ナマズ」——いよいよ謎の調理法を人気シェフのタムさんに見せていただく。

まず、ベトナム食材店から買ってきたというナマズを組板《まないた》に載せて三枚に下ろす。ナマズは滑るので、組板の上に濡らしたキッチンペーパーを敷くのがミソ。上下の肉の部分を味つけせずに素揚げする。次に、残りの頭、骨、尾の部分を醤油とマギー（タイでよく使われるウスターソースっぽい調味料）で味つけし、同じように鍋で揚げる。

先に肉の部分を鍋から引き上げる。それを組板に載せると、まるで二丁拳銃のように左右の手に包丁を持ち、のりのりのドラマーのように叩きまくって微塵《みじん》にしてしまう。フライの魚を微塵というのがすでに面白い。さらに鉢で丁寧に搗《つ》き、ほとんどペースト状にしてからパン粉と混ぜる。

鍋でしっかり揚げていた頭、骨、尾を引き上げると、次がクライマックス。煮えたぎった鍋の油をお玉ですくってナマズペーストのボウルに入れてかき混ぜるのだ。ボウルの中ではジュワジュワとペーストが油で泡立っている。そのまま、今度こそ鍋にぶち込む。すると、高熱のペーストと鍋の油が激しくぶつかり、ドバーッと爆発！　鍋に花火

タイ料理界のスターシェフ、タムさん

が開いたかのよう。

本当に爆発させていたのか！　道理であんなにサクサクして細かいフライ状になるわけだ。いや、私の頭悪そうなネーミング、実はドンピシャだったとは。

十秒もしないうちに引き上げ、油を素早く丁寧に落とす。彼のやり方では天かす風ではなく、かき揚げ状になっている。

タムさんによれば、本場タイでは、まず魚を炭火で焼いてから、それを微塵にして油で爆発させるのだが、日本では炭火焼きが難しいため、彼が独自にこの「二度揚げ」の方法を考案したという。

今度はタレを作る。タイ語では「ヤム・マムアン」（マンゴーの和え物）。そうか、あのあんかけ、マンゴーを使っているのか。道理でタイ風なわけだ。

青いマンゴーとニンジンを細切りにし、タマネギを薄くスライス。これらの野菜をボウルにあけ、小さい干しエビ、唐辛子粉、レモン、ナンプラー、シロップ、味の素と混ぜる。出来上がったら、サニーレタスを敷いた深皿に流し込む。

さて、頭と骨、尾の部分を皿に載せ、ちょうど元々身があったところにナマズのかき揚げを置く。元の鞘に収めるわけだが、かき揚げがデカすぎて鞘には到底収まらず、上にドカンと鎮座する感じ。

これで完成。これだけ凝っていて所要時間たった十分。大した技倆だ。

私たちも厨房から出て、一般客に戻って料理をいただく。かき揚げ的なナマズ肉の上にマンゴーあんかけをたらし、スプーンでザクッとすくい、口にバクッと放り込む。サクサクとした白身魚のかき揚げが甘酸っぱい青いマンゴーの香りとともに口の中で溶けていく。油を多用しているのにそう感じさせないのは、高温の油でシャキッと揚げているのと、青いマンゴーの爽やかさゆえだろう。

この料理のもう一つの楽しみは、頭、骨、尾の「その他部分」。しっかり揚がっているので、スナックのようにカリカリと食べられる。特に骨の部分の香ばしいこと。

この「爆発ナマズ」ほどビールに合う料理はそうそうないように思われる。世界のどこに出しても恥ずかしくない堂々たる逸品だ。

本書で誰にでもお勧めできる食べ物は稀。なんだかグルメ作家になったような錯覚がして、それもちょっと嬉しかったのだった。

ベトナム戦争と大ナマズ

前回、タイの爆発ナマズ料理を紹介したが、実はもっと強烈なナマズ料理がある。というより、おそらくこれを超えるナマズ料理はないだろう。

なにしろ材料がちがう。メコン川の大ナマズなのだ。現地名はプラーブック、学名の響きもすごくて、パンガシアノドン・ギガス。世界で最も大きい淡水魚はアマゾンのピライーバというナマズらしいが、こちらは体重ではピライーバに勝るという。つまり、世界で最もヘビーな淡水魚だ。

タイのメコン川沿いにある東北部のナコンパノムという町で食べられると聞いて、今から二十年ぐらい前だろうか、わざわざ寝台列車に乗って行った。ところが現地に着いてみると、市場に大ナマズは見当たらず、食堂やレストランでも「今はない」と言われた。

あるレストラン・バーで、レックさんという、六十歳ぐらいのオーナーが事情を詳しく説明してくれた。

彼によれば、もともと大ナマズの生息地はもっと上流部、タイの北部にあるという。そちらはこの辺よりも川がずっと深く（水深百メートルに達する場所もあるとか）、底が岩場になっていて水温が低い。それが大ナマズの好みなのだという。

でも雨季になって水が増えると、大ナマズは諸国漫遊の旅に出る。ラオス、カンボジアから果てはベトナムのホーチミンまで行くというのだから、冗談ではなく、諸国漫遊なのだ。

ではなぜ、通り道の一つでしかないナコンパノムだけが大ナマズ料理で知られるようになったのか。レックさん曰く、「それはベトナム戦争と関係がある」。

これでも小物のメコンオオナマズ

実は一九五〇年代までは、大ナマズはメコン川の「ピー（精霊）」として恐れられ、捕まえてはいけなかったという。ところが、ベトナム戦争が始まると、このナコンパノムに米軍基地が建設され、メコン川流域最大の町となった。米兵が大挙してやってきて彼ら相手のバーや娼館が大繁盛し、その頃から「ジャイアント・キャットフィッシュ（大ナマズ）」がここの名物になったそうだ。

レックさんにも因果関係はわからないようだったが、米軍の到来によりおそらく現地の人々の価値観が変わり、大ナマズの精霊の祟りより米兵相手の商売が優先されるようになったのではないかと思われる。

もっとも大ナマズに対する畏敬の念は消滅したわけでない。私が訪れた当時でも、チェンライやチェンコンといった北部の町では大ナマズの漁に出かけるときには「ピーを鎮める儀式」を行うとのことだった。

しかし残念ながら時代は変わったとレックさんは嘆く。「昔は体長三メートル、体重百五十キロという巨大ナマズがうじゃうじゃいたんだよ。今じゃ一メートル半の小物がせいぜいだ」

数も減った。タイ政府は保護のため、大ナマズを捕ったら必ず役所に届け出るように義務づけている。オスだったら精子を、メスなら卵巣を取り出し、人工授精させるという、日本でサケを対象に行っているのと同じ事をしているらしい。ただ、日本ではサケの稚魚を川に放流するが、こちらではダムや貯水池に放すという。たぶん、せっかくの稚魚が成長後に諸国漫遊の旅に出てしまうと困るからだろう。

このような事情で、今、大ナマズは定期的に市場に入ってこない。ときおり漁師の網にかかると、彼らの馴染みの飲食店に入荷する仕組みだという。

これじゃ大ナマズ、食えないじゃんとガッカリしたが、調理法だけでも訊こうと大ナマズ料理を売りにしたレストランを訪れた。そこで目を瞠《みは》った。店の若い男が二人がかりで大ナマズを店に引きずり込んでいるところだったのだ。

美味さもジャイアント級のトムヤム！

タイのメコン川沿いの町ナコンパノムでも、〝世界最重量の淡水魚〟と言われるメコンオオナマズはなかなか入荷しないという。だが、偶然にも私がレストランを訪れたとき、漁師から届いたところだった。

店のおばさんは「今じゃこんなちっちゃいやつしか捕れないんだよね」と残念そうな顔をするが、いやいや、これだって相当でかい。体長一・二メートル、体重三十キロなのだから。これを七千五百バーツ（当時のレートで約二万二千五百円）で買ったとのこと。

店のシェフが鉈《なた》のような中国包丁で背中にツーッと切れ目を入れると、意外や意外、赤身の肉が現れた。ふつうのナマズは白身肉だ。根本的に種類がちがうのかもしれない。しかも、表皮と肉の間には黄色い脂身がびっしり。「こりゃ美味そうだ」と思わず涎が垂れてくる。

「どんな料理が食べたい？」と訊かれて、私は、〝トムヤム〟と〝プラー・ペッ〟を希望した。

現地の事情通レックさんがその二つの料理が最高だと言っていたからだ。

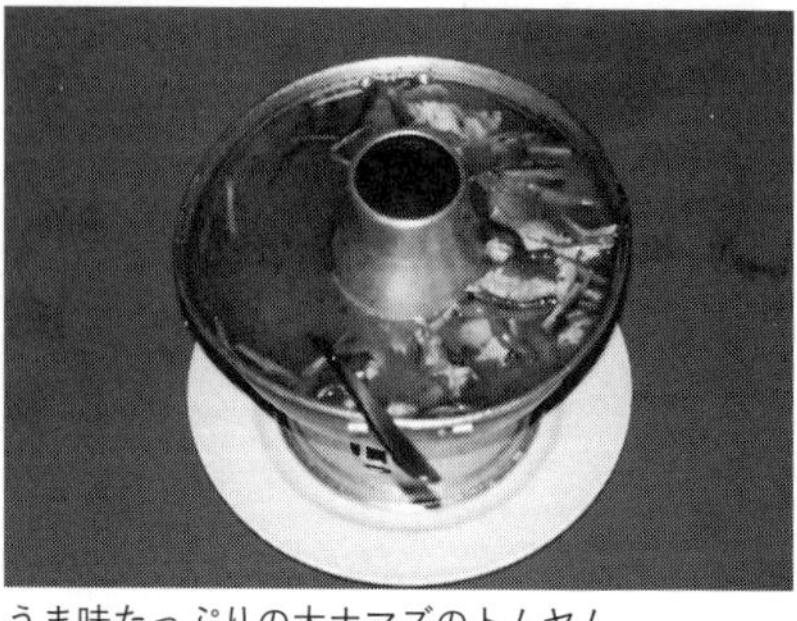
うま味たっぷりの大ナマズのトムヤム

〝トムヤム〟はいろいろな具材を入れた辛いスープのことで、日本ではもっぱらトムヤムクン（〝クン〟は「エビ」の意味）で知られているが、他にもトムヤムガイ（ガイは鶏肉）とかトムヤムプー（プーはカニ）など、いろいろある。私が注文したものをあえて名付ければ、トムヤム・プラーブック（大ナマズのトムヤム）となろうか。

それからプラー・ペッは「辛い魚」の意味で、ピーマンや赤タマネギなどの野菜や唐辛子と一緒に炒めた料理。

使われた肉は当然のことながらごく一部だが、それでも調理されてテーブルの上に出てくると、けっこうな量だ。

正直言って、味にはあまり期待をしていなかった。大きい魚は概して大味であるし、このナマズ、タイ国内でも特に有名というわけではない。「でかいから話題性があるだけなんだろう」と思っていた。単にゲテモノか珍味なのかもしれない。もちろん、珍しいもの好きの私はそれで十分に満足なのであるが。

ところが一口、プラー・ペッの肉を食べてびっくり。ゲテモノでも珍味でもない。というより、むちゃくちゃ美味い。薄切りにした赤身の、引き締まりつつも柔らかいという肉は、ふつうの魚より動物の肉に近い食感だった。

これまで私が食べた肉の中で、「魚と動物の肉の中間みたいな味」というのはいくつかある。ワニやピラルク、チョウザメなどがそうだが、いずれも白身。赤身の中間系は初めてだった。

ちなみに、この二十年後（つい最近）に食べたミンククジラ肉は「魚と肉の中間で赤身」だったが、脂分が少なかった。でも大ナマズはとても脂がのっていた。やはり、どれにも似ていない。

美味いのは肉だけではない。それにひっついている皮とゼラチン質の皮下脂肪がコリコリしてたまらない。旨味がジュウッとにじみ出る。

トムヤムはスープ自体が、これまで食べたどんなトムヤムよりも美味かった。旨味と脂身が質量ともにたっぷりな大ナマズ肉の方が、小さなエビやカニよりよほどいいダシが出るようだ。しかも具にもしっかり旨味は残っている。

大ナマズは肉の美味さもダシとしてもジャイアントであった。

さて、あれからざっと二十年。今、大ナマズはどうなっているのだろう。さらに大物は珍しくなり、数も減っているのかもしれない。

メコン川の「ピー（精霊）」への敬意を失わず、大切に少しずつ食べていってほしいと思う。

ミャンマー奥地の究極の粗食「モイック」

九〇年代の半ば、ミャンマーの奥地・ワ州に住むワ族の村で半年ほど暮らしていたことがある。そこでの食生活は質素なんてものではなかった。基本的に、毎日三食、「モイック」という雑炊しか食べないのだ。

直径一メートル近い巨大な中華鍋みたいな鉄鍋に大量の米と水を入れ、ひたすらグツグツ煮る。具材は菜っ葉かニラの類いのどちらか、味つけは塩と唐辛子のみ。ダシはない。

雑炊だから別にすごくまずいというわけじゃない。物資が乏しく生活が厳しい辺境の村だから、燃料（薪）と時間の節約のために、大鍋で雑炊を作るのは理にも適っている。ご飯とおかずなら、少なくとも二回、煮炊きしなければならない。

が、明けても暮れてもモイック。しかも他の具材はない。肉は冠婚葬祭のときしか口にできないし、ワ族の人たちはなぜか他の野菜を食べないのだ。知らないわけではない。近隣の他の民族はいろいろ栽培して食べている。だいたい、村でも人によっては裏庭でジャガイモやトマト、ナスを作っているのだ。でもそれはどうやら「趣味の園芸」みたいなものらしく、ひじょうに小規模で、ほとんど食用になっていない。全く理解に苦し

ワ族の雑炊「モイック」

む。

　もっと驚きなのは鶏の卵も食べないこと。「卵を食べようよ」と親しい友人に言ったら、「食べたら鶏が育たなくなるだろう」と怪《け》訝《げん》な顔をされた。どうも、雌鶏が卵をどんどん産むことを知らないらしい。卵さえあれば、卵雑炊になるのに……。

　死ぬほど飽きていた当時の私は「モイックじゃないものを食べる」が最大の夢と化していたほどだったが、村の人たちは心底好きらしい。なんらかの事情で村から一カ月ほど離れていた人が帰ってくると、煮えたぎる雑炊を貪るように食い、「ああ、これがいちばん！」と幸福に満ちた笑顔を浮かべていた――。

　そんなことを思い出すとモイックが食べたくなる。もう一度食べてみたいものだ。本当に一度だけでいいから。

　しかし、そんな彼らにも御馳走というものがあった。出産、婚礼、葬式のときには必ず家畜をつぶし、祖先の霊に供えてから、村人が集まって一緒に食べる。家畜の種類は儀礼の規模によって決まっている。出産は鶏か子豚、葬式は豚、婚礼は豚か牛といった具合だ。

辺境の村では人生のサイクルが早く、冠婚葬祭は週に一、二回は必ずあった。そんな日は朝早くからいろんな人が「おい、今日は豚肉食うぞ！」などと嬉しそうに声をかけてくる。葬式であっても、遺族以外はみんなニコニコ顔だ。

やっぱり、みんなモイックには内心飽きているのだなと最初は思ったが、大きな勘違いだった。なぜなら、御馳走は「肉入りモイック」だからだ。

肉はぶつ切りにして雑炊の鍋にぶちこむ。鶏や子豚のときは集まる人が少なく、豚や牛のときは多いから、結局、一人あたりの肉は二切れか三切れだ。しかも肉汁が雑炊に流出しているから、あまり味がしない。かといって、雑炊が劇的に美味くなっているかというとそんなことはなく、盛り蕎麦がざる蕎麦になった程度だ。

あー、この肉、焼くか炒めるかしたらすごく美味いんだろうな……といつも思っていたので、私が村を去るにあたり、お世話になったみなさんに牛をつぶして振る舞ったときにはためらいなく、「ご飯と牛肉炒め」にした。

すると、人は大勢集まってきたものの、葬式のように黙々と食べている。いや、葬式でもどんちゃん騒ぎが普通なので、こんな盛り下がった宴会は初めてだった。

やっぱりモイックがよかったのか……。みんな、ゴメン！　と心の中で叫んだのだった。

楽しいワ族の宴会――ヒエ酒は「ア」で飲め！

中国南部からヒマラヤにかけての山岳部には、雑穀のヒエやアワで作ったユニークな酒がある。私はネパール、ブータン、そしてミャンマーで出会ったことがある。

まず造り方が独特。炊いた小さなヒエもしくはアワの粒を大きな壺にぎっしり詰め、麹を加えて一週間ほど発酵させる。するとヒエ（アワ）粒がアルコールの塊になるのだ。そして、飲むときに、壺に湯を注げば、自動的に酒になるという仕組み。

味はやや乳酸発酵しており、うっすらと甘酸っぱい。若干発泡している気がするときもある。韓国のマッコルリを薄めたような、あるいはカルピスサワーの甘みを抑えたような酒と言えば想像がつくだろうか。アルコール度数は低く、二〜三パーセント程度だろう。

民族や地域によって飲み方がちがい、それがまた面白い。ネパール東部では「トゥンバ」というアルミの容器に発酵したヒエ（アワ）粒を入れ、そこに水を注いで、ストローで吸う。居酒屋ではいい年をしたオヤジたちがわいわい喋りながら、赤ちゃんのように両手でトゥンバをもち、ストローでちゅうちゅう酒を吸っているのには笑った。

ミャンマー奥地の少数民族、ワ族の村に住んでいたときは、冠婚葬祭のおりに毎回大

ワ族は必ず二人一組で酒を飲む

量に飲んでいた。ワ族は高さ一メートルもある巨大な壺でヒエ粒を発酵させ、それに直接水を注ぐ。ワ語で「プライコー」というその酒を柄杓《ひしゃく》や竹筒でくみ出して飲む。その飲み方が変わっている。必ず「二人一組」で飲まねばならないのだ。

手順は決まっている。まず、二人が向かい合って、しゃがむ（ワ族の家は土間なので、低い腰掛けに座るかしゃがむ）。

二人で酒の入った竹の杯（四百ミリリットルくらい）を同時に両手で摑み、「ア」と言う。「ア」とはワ語で「私たち二人」という意味で、このときは「乾杯」を表す。

まず、片方（Aさんとしよう）が杯をとり、ほんのちょっと口につけて相手（Bさん）に返す。おそらく「毒が入っていませんよ」という意味だと思う。Bさんは杯を受け取ると、中国の「乾杯」よろしく一気に飲み干す。終わると、また相手と杯を両手で握り合う。続いて再度杯に酒を注ぐと、今度はAさんとBさんが立場を入れ替えて同じ動作を繰り返す。

初めて見ると、いい大人がウンコ座りをしたまま、手と手を取り合い（そういうふうに見える)、口をぽかんと開けて「ア」と言うのは笑える。

実際にやってみると、かなり楽しい。私はワ族の土地に長期滞在した初めての外国人だったので、誰もが興味津々。一緒に「ア」とやると、いかついおじさんたちも顔をくしゃくしゃにして喜ぶ。

私も彼らの節くれ立って酒の滴に濡れた(なぜかたいてい酒がこぼれて濡れている)手を竹の杯ごとガシッと握ると、「あー、受け入れられてるなあ」と嬉しくなる。ワ族は女性も酒を飲むので、おばあさんや若い女の子とも「ア」ができる。それも楽しい。

といっても、喜んでいたのは最初だけだった。どの宴会でも、次から次へと村人が私の前にやってきては「ア」と杯を差し出す。「あの珍しいガイジンとアがやりたい」とみんなが思っているのだ。

プライコーはアルコール度数が低いとはいえ、なにしろ四百ミリリットルくらい一気飲みだ。三回連続で「ア」をやると、腹はたぷたぷ、酔いも相当まわる。で、見ると、目の前にワ族の老若男女の行列ができていたりしてゾッとする。逃げようとすると、腕をぐいっと摑まれ、「ア」。

あまりに大量に飲むので、しまいには、自分の体がヒエ酒の壺になったような気がしたほどだ。「あー、もうアはいいよ……」と嘆いたものだった。

絶品！ 納豆バーニャカウダ

納豆は日本独自の伝統食品だと思い込んでいる人が多い。かくいう私もその一人だったが、実は中国南部から東南アジアの内陸部、さらにはヒマラヤまで、納豆を食べている民族がいることを知って驚いた。結局、アジア大陸諸国の納豆を調べ回って本を一冊書いてしまったほどだ。

私はこれらを「アジア大陸納豆」、略して「アジア納豆」と呼んでいる。アジア納豆は日本納豆とは作り方がちょっとちがう。日本では伝統的には稲わらで煮豆を包んで発酵させるが、アジア納豆は大きな木の葉で包む。バナナの葉やシダ、パパイヤの葉で包むところもある。どんな葉で包んでも二、三日経つと、ネバネバと糸を引く、あのくさい匂いのする納豆ができあがる。

確認のため、ミャンマーとブータンの納豆を持ち帰り、東京都立食品技術センターで検査してもらったところ、作用している菌は日本の納豆菌と「ほぼ同じ」という結論をえた。要するに納豆菌はどこにでもいて、稲わらを含め、どんな植物で煮豆を包んでも納豆になってしまうのだ。

さて、アジア納豆の食べ方はどうなのか？　これが日本の納豆とはだいぶ異なる。というより、アジアの納豆民族のみなさんは日本の納豆を見ると、首をひねる。「どうして生でしか食べないの？」「どうしてご飯にかけて食べるだけなの？」

　実際私はミャンマーの少数民族であるシャン族出身で、東京に長く住んでいる人にそう訊かれて絶句してしまった。彼曰く「私たちシャン族は、納豆を生だけじゃなく、焼いたり煮たり蒸したりして食べてるんですよ」。

納豆と川海苔のディップ（中央）に野菜をつけて

　衝撃である。だって、考えてみてほしい。もし魚を生でしか食べないという民族がいたら、どう思うか。「まだ文明化されてないんじゃないか？」と疑いかねない。つまり、私たち日本人は〝納豆後進国〟の疑いさえ持たれているのだ。

　では、逆に〝納豆先進国〟はどこなのか？　私が調べたかぎりでは、納豆料理が最高度に発展しているのは前述のミャンマー、それもシャン族が住むシャン州だ。シャンの人たちは新鮮なものは生のままでも食べるが、多くの場合、豆を臼で潰して平らに伸ばしてから天日干しにし、薄焼きせんべいそっくりのものを作る。保存がきくからだ。

　このせんべい納豆はそのまま火に炙っておやつにし

ても香ばしくて美味しいが、砕いて粉にすると、調味料に早変わりする。汁物でも炒め物でも何でもその納豆粉を入れてしまう。納豆はアミノ酸を多量に含んでいる、言わば「うま味の固まり」だから、どんな料理に入れてもダシが出ておいしくなる。

シャンの人たちが日常的に食べる料理で、しかも私が「世界の納豆料理ベスト3」に入れたいと思うのは、「納豆と川海苔のディップ」。

まずせんべい納豆を揚げ、それを川海苔、ピーナッツ、ニンニク、生姜、ネギ、パクチー、湯むきしたトマト、茄子、炒めた唐辛子と一緒に石臼に入れ、丁寧に潰す。最後に納豆を揚げた油を少し垂らし、水を加えるとディップ（タレ）が完成。そこに茹でた野菜や生野菜をつけて食べる。納豆バーニャカウダとも呼べる。

これは絶品の一言。納豆独特の風味はしっかり残っているのに、川海苔などと合わせているせいか、なんとも爽やか。粘り気はないが代わりにコクとうま味が凝縮されている。これほど体によさそうで、でも食べ応えのある料理はない。しかも、初めて食べる外国料理なのに無性に懐かしい。限りなく和食に近い、いや和食の斜め上を行く料理とでも言おうか。

残念ながら、日本人は納豆のごく一部しか知らないと、つくづく思った。同時に納豆の恐ろしいほどの可能性を知って感動してしまったのだった。

激マズ！　怪しいインド人の納豆カレー

ミャンマー北部の町ミッチーナで納豆取材をしていたときのこと。

現地でも珍しい、「竹納豆」を偶然入手した。知り合いになった納豆売りのおばさんが「お土産に」と言ってくれたのだ。発酵させた納豆を、傷まないように塩と唐辛子と一緒に竹に詰めたという。

喜んだ私のすぐ横に、なぜかたまたまインド人の経営する食堂があった。

「あ、ここでこの納豆をカレーにしてもらおう！」と思った。以前、どこかで「インドでは納豆をカレーに入れる」と聞いたのをふと思い出したのだ。

行き当たりばったりでは右に出るものはいない私は、さっそく店に入った。店主らしき、三十代くらいのインド男性に「この納豆をカレーに入れてくれる？」と訊いた。すると、いかにもフレンドリーな感じの店主は「オーケー、どんなカレーがいい？」とそこまで英語で言うと、いきなり「鶏肉？　豚肉？」と日本語で訊いた。

「え、日本語を話せるの？」と驚いて訊くと、「ノー。日本語は知らない」と涼しい顔。「鶏肉」と「豚肉」だけどこかで憶えたらしい。それにしては発音が正確で、自然な話しぶりのように思えたが。

竹納豆と、それから作った納豆カレー

ちょっとヘンな気はしたが、ともかく「鶏肉カレー」を頼んだ。しかし、彼が怪しいのは言語だけではなかった。私が竹筒から取り出した納豆を不思議そうな面持ちで眺めている。

「作れるの？」と訊くと、「あ、大丈夫、大丈夫（ノー・プロブレム）！」と早口で言うのだが、その「大丈夫」は昔、インドで商人やリキシャーの運転手に騙されたときにさんざん耳にした「大丈夫」によく似ていた。

そういう怪しいインド人同様、この店主も私が疑いだした途端、急に動きが速くなった。こちらが口を挟む隙を与えず、大鍋から作り置きのカレーをすくってフライパンに入れ、そこに納豆をドカンと投入した。カレーは予想に反してインド風ではなく、脂っこいミャンマー風のようだ。

こんな調理法でいいのかと首をひねったら、それを見透かしたように、彼はくるっと振り向くと、にやっとして言った。しかも完璧な日本語で。

「結果は、どうなるか、わかりませーん！」

ええーっ、やっぱり日本語を知ってるんじゃないか！　どこで習ったの？　と訊いたが、彼はポカンとしている。真顔で「日本語は話せないし、習ったこともない」と英語で言う。とぼけている様子でもない。

じゃあ、どうしてこんな複雑で非一般的な日本語をドンピシャの場面で使えるのか。英語とビルマ語でいくら問いただしても埒《らち》が明かず、ドサクサに紛れるように、彼はフライパンの納豆カレーをどさっと皿にあけた。

外国語を「鶏肉」「豚肉」「結果はどうなるかわかりません」の三つしか知らない人間が存在するのかという異常な謎が残ったものの、ともかく納豆カレーの試食だ。だが。

一口食って気が遠くなった。

まずい。劇的にまずい。

竹納豆はお土産用である。長期間保存するために塩と唐辛子が大量に入っていたのだ。それを味見すらせず、ミャンマー風の脂ギトギトで味の濃いカレーにぶち込んだのだから、たまったものじゃない。カレーのルウに納豆をかけて直に食べているような感じだ。

気づけば、いつの間にか店主は姿を消しており、若いスタッフがちゃんと一皿分のカレー代金を請求するのだった。なんと、これでカネをとるのか！

これは今に至るまで、私が食べた中で最高にまずい納豆料理であり、このインド人は今まで世界中で会った中で最も謎に包まれた人物の一人となったのだった。

元首狩り族の強烈「超熟納豆」

ミャンマーとインドが接する国境地帯は深い密林と複雑な地形が重なり、ごく最近まで「アジア最後の秘境」と呼ばれていた。そこに住むナガ族はかつて首狩りの風習があったことで知られる。村によっては一九九〇年代まで行っていたようだ。私の会ったおじさんは「若いとき、俺は二人首を狩った。一人は水牛の代金を払わなかったから、もう一人はイトコが首を狩られたからその復讐にね」と気さくに話してくれた。

もっとも実際には「ナガ」とは一つの民族ではない。言葉も文化も全く異なる二十以上もの「部族」の総称だ。彼らには共通の文化が二つだけある。一つは首狩り、そしてもう一つが「納豆」。そう、ナガの人々はアジアでも屈指の納豆大好き民族なのだ。

昔の日本を含めて、アジアの納豆民族は冬にしか納豆を作らないところが多い。ところが、ナガ族は一年中、ずっと納豆を作り、食べ続けている。しかも彼らの納豆は独特。納豆は十度以上の常温では長持ちしない。腐敗菌がついたり、発酵が進みすぎてどろどろに溶けてしまったりする。だから保存用に塩や唐辛子と混ぜたり、寒いところや冷蔵庫にしまっておくのだが、ナガの人たちはそうしない。

作った納豆を葉っぱに包んで囲炉裏の上に置き、煙をあてておく。一週間経つと、葉っぱを取り替え、やはり囲炉裏の上に置く。すると、煙の殺菌効果のせいか腐ったりせず、ひじょうにマイルドに発酵が進み、一カ月ほどすれば、味も香りもほんわかする熟成納豆ができあがる。

この納豆で作る汁物は絶品だ。里芋と豆の納豆汁は驚くことに納豆の味が全然しない。その代わり、上質の昆布ダシのようなうま味が効いている。日本人なら誰しも「美味い！　でもこれ、何でダシとってるの？」と思うはずだ。

おそろしく美味いナガの熟成納豆

ある村では菜の花の納豆汁を御馳走になった。菜の花は黄色い花をつけたまま、茎を手でへし折り、鍋に押し込む。ずいぶん荒っぽい。食べようとすると、茎が固くて嚙み切れない。せっかくの旬の野菜なのに、しかたなく外へ吐き出してしまった。

がっかりしたのは私がこの料理のなんたるかを知らなかったからだ。あらためて汁を飲むとびっくり。菜っ葉の甘みと熟成納豆のうま味でハッとするほどの美味しさなのだ。ナガ族、首狩りのかたわら、こんなに上品な納豆汁を開発していたとは。

だが、もっと強烈な納豆に出くわしたこともある。

推定八十五～九十歳という、こんな辺境では恐ろしく長生きのおばあさんのお宅を訪ねたら、古びた竹筒にぎっしり詰まった納豆を見せてくれた。前回紹介したミッチーナの竹納豆とちがい、塩も唐辛子も入れていない。匂いをかぐと、鼻にツーンと来て相当発酵が進んでいる模様。何カ月も竹筒に入れたままの、〝超熟納豆〟らしい。

一口味見させてもらった。ふつう、発酵が進みすぎると苦くなることが多いが、これは他のナガの熟成納豆とさして変わらないマイルドな味。と、思ったら、飲み込んだ瞬間、「うわっ！」とのけぞった。キーンともガーンともつかない凄まじい衝撃が胃の奥から鼻や脳天にまで突き抜けたのだ。目もちかちかする。アンモニアのせいだろうか。私がこれまで食べた納豆の中で、最も強烈なものだった。

案内してくれたおばあさんの孫が「ぼくらもそれは食べないよ」と笑った。お年寄りがほんの少し、汁物に入れて食べるらしい。

おばあさんは私にふつうの熟成納豆とタマネギの和え物と薄い米のどぶろくを御馳走してくれた。「これも毎日食べ、飲んでいる」という。

長寿の秘訣は「超熟」と「熟成」のダブル納豆、そして酒。私もぜひ見習いたい健康法である。

イタリア人も卒倒!?　東北タイの「虫イタリアン」

イタリア料理ほど世界中で愛されている料理はないだろう。日本の「タラコ・スパゲッティ」のように、その土地の食材や味つけでどんどんアレンジできるのも魅力だ。

ではもし昆虫食では世界屈指の先進地域であるタイ東北部の人がイタリアンを作ったらどうなるか。それをウドンターニーという町の郊外にある店で私は身をもって体験した。

店構えはその辺の食堂と変わりないが、実はここのオーナーシェフは「イタリアのレストランで四、五年働いていたことがある」。ふだんは普通の地元料理を出しているが、注文さえあれば本格的なイタリアンを作れるという。正確には「虫イタリアン」だが。

私が何品か食べてみたいとリクエストしたら、「まず虫を買ってきて」。店の若者がバイクに乗せて市場に連れて行ってくれた。市場では生の虫も調理済みの虫（揚げてあったり炒めてあったり）もよりどりみどり。若者に勧められるがままに、バッタ、ゲンゴロウ、コオロギ、赤アリの卵などを買い、ビニール袋に詰めてもらった。

オーナーに虫を渡し、ビールを飲みながら待つこと二十分。まずはオーナー自慢の虫ピザが運ばれてきた。その違和感は想像以上。コオロギやバッタがチーズにからまった

バッタとアリの卵を挟んだサンドイッチ

まま焦げており、まるで満杯のゴキブリホイホイをオーブンで焼き上げたかのよう。

食べてみると、美味しい。正確にはピザトーストだが、意外にも本物のモツァレラチーズやバジルを使っている。本格的だ。

虫自体も意外に食べやすい。よく火が通っているので、歯を当てただけでサクッと砕けるし、へんな臭みもない。ただ、虫の量がちと多すぎる。トッピングとして散らしてある程度ならいいものを、ゴキブリの罠並みの密集度なので、だんだんイヤになってくる。虫は味がないようで、実は密度が濃い。量を食べると胃の中で虫濃度が飽和してくる。

しかし、私の気持ちなど忖度《そんたく》せず、この後も料理はつづく。しかも初級から中・上級編へ移行した。

〝中級〟の虫サンドは、虫ピザとは比較にならないインパクトだった。基本はツナサラダに虫を混ぜているのだが、調理してあるはずの虫が妙に生々しい。

しかも手に持つと、パンの間から、バッタが生きているように飛び出し、アリの卵が今、産み落とされたかのようにボロボロと皿にこぼれ落ちる。ビバ、生命！　という感じ。アリたまのプチュプチュ感とバッタのカリカリ感を味わうしかない。

そして、最後はいよいよ〝上級〟の虫パスタ。これはもう笑うしかないシロモノだった。「この料理を作れるのは私くらい」とシェフが自画自賛するのもわかる。

まず、絵面《えづら》が普通じゃない。真っ白のパスタと真っ赤なソース。それらと戯れる（?）ゲンゴロウやコオロギたち……。

食べてみると、トマトソースの深い味わいに感心する。よく熟れたトマトを使って、隠し味にタイの調味料のナンプラーを加えているという。まさに土地の食材と味つけをふんだんに応用した創作イタリアンの好例！　なのだが、これも虫が多すぎ。だんだん、げっそりしてくる。

そして、いったんげっそりしてしまうと、後は食べるのがとても苦痛になってきた。ゲンゴロウがゴキブリに酷似していることもあって、残飯のパスタの上に虫がたかっているようにしか見えなくなるからだ！

「残飯を食べてる虫を食べてる俺」というイメージが脳内をぐるぐる回って止まらない。

本場のイタリア人に食べさせて、その進化の限界を知らしめたいと心底思ったのだった。

素材の味を生かしすぎな田んぼフーズ

ゲテモノ系の食品は「何を食べたか」が常に話題とされるが、私の経験では、「どうやって」が重要だ。

例えば、中国では虫とか野生動物を容赦なく食べるが、ひじょうに濃い味つけにして、油でしっかり揚げたり炒めたりするので、さほど抵抗感なく食べられてしまう。

逆に、食べる側にとって厳しいのは素材の容姿、味、食感が全開になっている調理法だ。それをつくづく実感したのは、イサーン（東北タイ）の村へおたまじゃくしを食べに行ったときだ。

カエル料理はアジア各地にあるが、おたまじゃくしは聞いたことがない。面白そうだと思い、行ってみたのだが、村に着くと「来るのが少し遅かったな」と言われてしまった。カエルが卵を産んでおたまじゃくしが孵化して育つのは五月で、私が到着したのはもう六月だった。

しかたないので、おたまじゃくしの親（？）である、カエルを食べることにした。翌日、知り合いになったおばさんの後についていくと、彼女は田んぼの中にザブザブと入っていき竹のザルで田んぼの水を片っ端からすくい始めた。

するると、草や泥に混じって、いろんな生き物がとれるわとれるわ。川ガニ、タニシ、ゲンゴロウ、カエル、フナの稚魚、何かの幼虫みたいなもの……。そして、なんとおたまじゃくしも数匹ひっかかった。すでに手足が生えかけていたが、尻尾はまだある。

おお、凄いじゃん！　と喜んだのも束の間、おばさんは予想外の行動に出た。いちばん美味しそうなカニとタニシを全部捨ててしまうのだ。

捨てるものと食べるものを間違えているんじゃないかと思ったが、「こんなのは食べ飽きているから」とおばさんは頓着しない。そして、残りを自分の家に持ち帰ると、軒先で調理し始めた。それを見て私はゲゲッとなった。

鍋に水とミントのようなハーブと唐辛子を入れただけの水煮だ。しかもオール姿煮。油炒めぐらいはしてくれると思っていたのだ。それどころか、万能調味料のナンプラーさえ入れず、味つけは塩のみ。

鍋に入っているうちはよかったが、皿にあけると、ゲテモノ感がいっそう際だった。全部田んぼで捕まえたときのままの姿をしている。気が進まないながら、私は食べやすいものから順番に一つずつ食べていった。

ゲテモノ感満載、田んぼの恵みが大集合

まず小魚は当然問題ない。ゲンゴロウも見た目はゴキブリそっくりだがカリカリして意外にいける。

本来の目的だったおたまじゃくしは、骨が感じられず、ちゅるっとしていて、肉は柔らかくて喉ごしもいい。他にない味で、これはわざわざ食べに来た甲斐があった。

意外に嫌だったのはカエル。唐揚げなら全く違和感ないのに、水煮かつ姿煮のそれを箸でつまむと、まるで生の死体のように、手足と口がだらっと垂れ下がった。皮もぬめぬめとした光沢を放っている。まあ、口にしたら、若鶏のようで美味かったが。

そして最後にいちばん気色悪いものが残った。地元で「ガムライケーン」と呼ばれる、長さ十センチもあるムカデとイモムシを掛け合わせたような何かの幼虫。

口には牙があり、黒いゴムっぽい節に足がたくさんついている。水煮なので、これまた調理前のように生々しい。

うわあ、気持ちわりい！……と叫ぶ脳のスイッチをオフにして、パクッと口にすると、ピンのような多足が口の中や舌をひっかき、胴体は硬質ゴムのようでなかなか嚙み切れず、嚙み切ると中から甘苦い液がぶちゅっと出てきた。

ウゲー……。見かけそのままのグロい味。

素材を生かしすぎるタイの田んぼフーズだった。

「世界最高のビールのつまみ」の意外すぎる正体

「世界で最も美味いビールのつまみ」と私が勝手に認定しているタイの食べ物がある。その名は「ネーム」。なかなかに風変わりな食品だ。豚の生肉を発酵させたものだからだ。一つ間違えば、腐った豚の生肉である。その紙一重にものすごいうま味を感じる。日本のタイ料理店でもメニューにあるが、あれはタイのスーパーやコンビニでも売られている大量生産の商品。「本物」のネームとは、豆から挽いてドリップで入れたコーヒーとインスタントコーヒー以上にちがう。私は本場とされる北タイのチェンマイでプロのネーム職人（料理人）一家を取材したことがあるが、「本物」は桁違いに手間がかかる料理だった。

なにしろ市場に卸している家なので一度に作る量は莫大。まず、豚の皮七キロを一時間かけて煮る。裏に脂身がついた皮は見るからに旨そうだが、これを包丁で千切りにするのは大変難しい。左手でしっかり皮を押さえ、刺身を切るようにスーッと真っ直ぐ切る。三人がかりで一時間かかった。

次に調味料の作製。ニンニク、岩塩、うま味調味料、保存料として硝石を石臼で潰しながらよく混ぜる。

赤ん坊が洗えるくらいの巨大なボウルに、切った豚皮、調味料ミックス、それに生の豚挽肉六キロ、炊いた餅米一・三キロをぶち込み、両手で力を入れて捏《こ》ねる。材料をまんべんなく行き渡らせると同時に、ネームが出来上がったとき、しっかり固まり、かつふわっとした柔らかい歯ごたえを出すためだという。

　二十分ほど捏ねると、今度は約五十グラムずつ、細長い固まりを作り、唐辛子と一緒に、バナナの葉っぱで包んでいく。生ものなのでビニールで包むと常温では一日で傷んでしまうが、バナナの葉なら一週間もつし、もっと美味しいという。

ネームなどを盛り合わせたおつまみセット

　出来たてのネームをそのまま食べてもいいが、ふつうは常温で数時間置く。実際、市場へ持っていって売り場に並べていれば、そのぐらいの時間はすぐに経つ。すると、生肉が発酵して独特のうま味と酸味がミックスした味が出てくる。

　ただし、この酸味にごまかされ、いつの間にかネームが傷んでいるケースもある。豚の生肉が傷んでいたら当然危険。それを恐れるがゆえに、商品化されたネームは発酵をごく低めに抑え、結果として、ただの豚肉ソーセージのようなつまらない味に落ち着いてしまっている。まさに「紙一重」の勝負なのだ。

生のままでも十分旨いのだけど、私は何と言ってもこれを炭火で炙った「ネーム・ピン」が大好き。炙ると豚の皮の脂身が口の中で溶け、スパイシーな酸味と合わさって、「ひゃあ〜」と声が出てしまう。スライスした生姜、キャベツ、唐辛子、それに餅米と一緒にビールで流し込むと「ああ、生きててよかった！」という気持ちになる。

ネームは味が極上なだけでない。最近、食文化研究の大家、石毛直道先生の名著『魚醤とナレズシの研究』を読んでいたら、「タイのナレズシ」としてネームの名が挙げられていて、びっくりした。ネームが寿司の一種⁉

現代のにぎり寿司が誕生したのはせいぜい江戸時代。さらに室町時代より前はスシといえば、米と魚を同時に乳酸発酵させた「ナレズシ」だった。しかも平安時代に編纂された『延喜式《えんぎしき》』には魚だけでなく、猪や鹿のナレズシも登場するという。

つまり、ナレズシとは魚や獣肉に塩を加え、炊いた米などと一緒に乳酸発酵させた食品のことであり、ネームも立派なメンバーなのである。私の超絶好物が日本古来の寿司と同類とは驚きだが、ビールと最高に合う理由は腑に落ちたのだった。

IV
日本
猛毒フグの卵巣から
古来のわに料理まで

世界珍食一位？　猛毒フグの卵巣

先日、某誌の企画で、発酵学の大家・小泉武夫先生と「世界の珍食奇食ランキング」を決めるという対談を行った。それぞれが過去に食べたゲテモノや臭い食品などを挙げていったのだが、最終的に一位を獲得したのは小泉先生が推した石川県産「猛毒フグの卵巣の糠《ぬか》漬け」。

フグの中でも卵巣は最も危険な部位で、一匹分で三十人を殺せるほどの毒があるそうだ。そんなものをどうやって食べるのかというと、まず卵巣を三〜五カ月ほど塩漬けにしたあと、糠味噌樽の中に漬けておく。すると、糠味噌の乳酸菌による分解で毒が少しずつ減り、三年後にはすっかり無毒かつ美味しい卵巣漬けになっているという（「塩が毒素を希釈する」という説もあるらしい）。

こんな異常に高度な技術が江戸時代から培われていたというから、日本人の食い物に関する貪欲さは恐ろしい。だって、技術が確立するまでに何人が犠牲になったかわからないじゃないか。ほんの少しでも毒が残っていればアウトなのだ。他にも食べ物がたくさんあるわけだし、どうしてそこまでしてフグの卵巣に執念を燃やしたものかわからない。

先生がお土産にビニールパックされた商品〈(株）あら与「ふぐの子ぬか漬」〉を一つ

くれたので、家に持ち帰って食べてみた。色は合わせ味噌程度の色、大きさや形状は明太子かカラスミ。口に含むとかなり塩辛いが、同時に乳酸発酵ならではの、弾けるようなうま味が押し寄せる。なるほど、これは酒のあてにもご飯の供にもよさそうだ。実際、熱々のご飯にこれを載せお湯をかけると、塩気とうま味がほどよくご飯に染み渡り、最高にうまい。

フグの卵巣の糠漬けにも似たイランのアシュバル

感心しつつも、私は何か奇妙な既視感、いや「既味感」に襲われていた。「これ、どこかで食べたことがある……」。数十秒考えてわかった。「そうだ、アシュバルだ！」

アシュバルはイラン屈指の珍味だ。出会ったのはカスピ海に近い、同国北部の町ラシュトの市場。ふつう、イランの市場では肉や野菜、果物は豊富だが魚介類は少ない。ところがここの市場は「築地か？」と思うくらい魚ばかり。その辺りはカスピ海だけでなく、河川や湿地帯も多く、実に多種多様な魚が生息しているらしい。

そういった魚売り場の中、腹が生クリームのような独特の白みをもつ魚が並んでいた。若い男性がその腹を裂き、すばやく薄黄色の卵巣を取り出す。みるみるうちに卵巣の山ができる。さらにちょっと歩くと、同じ魚の卵巣らしきものがビニールに包んで売られていた。ただ先ほどの薄黄色とは異なり綺麗なみかん色。

「アシュバルだよ」と店のおじさん。

これか、と思った。アシュバルとはマーヒーセフィードという魚の卵巣を茜（セイヨウアカネ）を混ぜた塩水に漬けたもの。今は二十日間程度になってしまったが、かつては最低でも一年間、魚ごと密封しておくのが伝統的製造法だったという。

ちなみにカスピ海はキャビアの産地としても知られるが、現地の人はこのアシュバルの方がうまいと言うそうだ。そのようにイラン研究者の上岡弘二先生が書いている（『暮らしがわかるアジア読本　イラン』上岡弘二編、河出書房新社）。

なるほど、茜を入れるから綺麗なみかん色に染まっているわけか。イラン人の食に対する凝り具合もなかなかすごい。このアシュバルを持ち帰ったらあまりの美味さにやみつきになった。乳酸とうま味のコンビネーションがなんともいえない。特にパスタに入れると最高。ゆでたパスタにアシュバルをからませるだけで、レストランに出してもおかしくない逸品ができてしまう。

実際にはアシュバルの方が粒（卵）が大きい分、うま味も強かった記憶があるのだが、基本的にはフグの卵巣の糠漬けに近いので、もしアシュバルに興味のある方はフグで試すことをお勧めする。

まるで未知の肉、小泉先生の鯨

小泉武夫先生に食事に誘われたときのこと。指定された居酒屋の個室に通されてビックリ。先生とそのお仲間六名、そして巨大な鯨肉の塊が私を待ち構えていたのだ。このお店は先生の行きつけらしく、個室は貸し切りの「小泉劇場」と化していた。

「私はクジラ食文化を守る会の理事長をやっていてね、お金は一銭ももらってないけど、いい鯨肉は手に入るんです」とのこと。肉は中トロのようなきれいなピンク色で、ものすごく鮮度が高そうである。

呆気にとられていると、先生は俎板と包丁を取り出し、使い捨てのビニール手袋をはめると、手際よく肉塊を切りはじめた。お仲間の一人がこれまた持参の生姜をゴリゴリすり下ろし、生姜醬油をこしらえる。

たちまち刺身の山ができ、先生は「さあ、食え！　どんどん食え！」と放るように手渡しし、みんながわあわあ言いながらもらい受ける。まるで、何かの祭りで、祭司がお供えを信者に分け与えているようだ。店のご主人もお裾分けしてもらっている。

刺身を口にして、さらにびっくり。鯨と言えば、「固い」「臭みがある」というイメージしかなかったが、これは臭みが一切なく、マグロのように柔らかい。でも動物らしい

鯨肉を手早く切る小泉先生

深みのある味。これが鯨？　まるで未知の肉を食べている気がする。
さんざん刺身を食べ、他にそのお店のイノシシ鍋も御馳走になり、もうこれ以上食べられないとなっても先生は止まらない。余った肉をフリーザーバッグに生姜醤油と一緒にぶち込んで私にくれた。「これ、持って帰って。熱々のご飯にかけると美味いよ」
翌日、先生に言われたとおりにしたら、最高。翌日まで続いた小泉劇場なのであったが、さらに続きがある。先生はお土産として、千葉県の和田浦で捕れたツチクジラの冷凍肉を五キロもくれたのだ。
解凍したらすぐ食べた方がいいが、私と妻の二人では到底食べきれない。そのとき、閃《ひらめ》いた。実はこの少し前、私はアフリカのセネガルへ行き、ちょっとした成り行きで地元の女性占い師に運勢を見てもらっていた。胃腸の調子がよくないと告げると、彼女は、「牛肉と魚を、年配の人たちと子供たちに分け与えなさい」と言った。そうすればよくなるという。仏教で言えば、喜捨で徳を積むようなものか。ところが、そのときは時間がなくて、指示通りにできなかった。それが心にひっかかっていた。

手元にある鯨肉はどんな味かわからないが、牛肉と魚を兼ね備えていると言えるのではないか。いただいた鯨肉を有効利用しつつ運も拓けて一石二鳥じゃないか！　そう思って、子供のいる家族二組と、他の友人たち（私と同年配だから五十歳前後）を全部で十二名呼んで鯨パーティを行うことにしたのだ。

前日から風呂場のバケツに鯨肉の塊を入れて解凍の準備。そして、翌朝、バケツを見た私と妻は仰天した。肉は真っ赤な血の海に沈んでいたからだ。どうして切り身の冷凍肉からこんなに血が出るのだろう。さらに不思議なのはその血は匂いが全くしない。血ではない、何か他の、赤いタンパク質なのかもしれないが、実に奇妙である。

その日、妻と二人でその鯨肉を料理しまくった。朝から晩まで、十二時間ぐらい鯨肉と格闘していた。

刺身、納豆とアボカドとの和え物、ステーキ、竜田揚げ……。集まった人たちはみな、「こんな美味しい鯨肉は食べたことがない」と驚いていた。彼らも私同様、鯨と言えば、なんだか固かったり風味に乏しかったりして、要は「美味くない肉」という印象だったのだろう。日本の鯨肉の大半は、冷凍と解凍を繰り返したり、あまりに長く冷凍しすぎたりで、肉が劣化してしまっているらしい。だから鯨肉が美味しいというのが驚きにつながってしまう。

しかしいちばん驚いたのは私。なぜなら、ミンククジラとあまりに味がちがうから。ミンククジラは色がピンクで、味はマグロのようだが、ツチクジラは色も味も牛肉、いや味は新鮮な馬肉にもっとよく似ていた。同じクジラと言っても、鯛とサンマ、牛肉と鶏肉ぐらいちがうのだ。

日本人はクジラのことを本当に何も知らないと呆然としたのだった。

猫を狂わす謎の食品「ちゅ〜る」

ここ数年、猫の世界の中でいなばペットフードの「チャオちゅ〜る」（以下略して「ちゅ〜る」）という食品が大ブームとなっている。

ご存じない？　それは遅れてますよ！……と言いたいが、私も猫を飼ってないので、昨年（二〇一六年）の秋にやっと知った。場所は料理研究家の枝元なほみさんのお宅。NHK Eテレの「SWITCHインタビュー 達人達」という対談番組で食文化について話をしているとき、枝元さんの愛猫がにゃーにゃー言いながら撮影現場に現れた。何かを訴えているようだ。「あ、ちょっとすみません」と枝元さんがいそいそと冷蔵庫から細長いチューブ状のおやつを取り出して猫にあげている。とろっとしたマヨネーズみたいなものだった。猫は夢中でそれをむさぼっていた。

それがちゅ〜るだ。「あまりに夢中で、心配になっちゃうくらい」と枝元さん。

以後、あちこちで猫飼いの人からちゅ〜るの話を聞いた。曰く「うちの猫は好き嫌いが激しいけど、ちゅ〜るだけは別格」「狂ったように食べる」「食いつきがハンパない。何かヤバイものが入ってるんじゃないか」などなど。

動物を専門とするノンフィクションライターの妻・片野ゆかによれば、警戒心が強く

マタタビでも入っている!?

て人が近づくと歯をむき出して威嚇《いかく》する野良猫も、ちゅ〜るを差し出すとピタッと大人しくなり魅入られたように舐《な》め始めると言う。つまり、人間世界になれているかどうかにかかわらず、猫に対しては絶対的な魔力があるらしい。

マタタビでも入っているのではと思ったが、例えば「まぐろ（味）」の原材料を見ると、「まぐろ、まぐろエキス、タンパク加水分解物、糖類（オリゴ糖等）、植物性油脂、増粘剤（加工でん粉）、ミネラル類、増粘多糖類、調味料（アミノ酸等）、ビタミンE、緑茶エキス、紅麴色素」と、特に変わったものは見当たらない。緑茶エキスもごく微量で猫の心身に影響は及ぼさないそうだ。

ちゅ〜る、謎である。

さて、NHKの番組が放映されたあと、枝元なほみさんが私やスタッフを自宅に招いてくれ、打ち上げを行った。そのとき、またしても猫ちゃんがにゃーにゃー言って現れ、ちゅ〜るを貪るので、「これ、おいしそう」「人間も食べられるんじゃないの」と誰ともなく言いだすと、枝元さんが即座に「ちゅ〜るのカナッペ」を仕立ててしまった。

クラッカーに蕪《かぶ》のスライスを載せ「まぐろ」のちゅ～るをかけ、ピンク胡椒とイタリアンパセリを散らした見事な一品。バーで頼んだら千円ぐらいしそう。味見してみたら「おおー」と声が出た。うまいのだ。バーのつまみとして十分通用する。シーチキンをとろとろにしてさらにうま味を加えたような、調味料なのか食べ物なのかよくわからない不思議な食感と味。世界のどこの国でも経験したことがない。

他のペットフーズ同様、ちゅ～るにも塩分はほとんど含まれていないのに、適度に脂分がありうま味が濃厚なので物足りなさは全然ない。蕪との相性も抜群だった。さすが枝元さんである。

うま味と魚（肉）っぽい食味があり、塩分ほぼゼロでマヨネーズのように使える便利さ。しかも他に「とりささみ」「とりささみ＆日本海産かに」「かつお」などいろいろな味があり、レパートリーも豊富。

これは人間用にしても受けるのではないか。「和食」の新しい展開になりうるのではないか。バーのつまみだけでない。塩分をとりたくない人、食欲があまりなくて咀嚼力や胃腸に問題のある病人にもうってつけであろう。レシピは枝元さんがベストなものを考えてくれるはずだ。唯一の欠点は値段が高いことだが、そこは大量生産でなんとか価格を下げてほしい。

そのうち、猫と人間がちゅ～るを争う日が来るのかもしれない。

ニッポン古来のわに料理

『古事記』に「因幡《いなば》の白兎」という有名な物語がある。兎が海を渡るのにわにを騙して水面に並ばせ、その上をひょいひょい伝って歩くが、最後の最後で嘘がばれ、怒ったわにに皮を剝ぎ取られてしまうという話だ。私は昭和四十年代にこの伝説を絵本で読んだのだが、そこでは本当に爬虫類のワニの上を兎が歩いていた。

しかし、古事記の「わに」が何を意味するのかは諸説あるようだ。爬虫類のワニ以外に、ウミヘビであるとか、想像上の神怪な動物のことだとか、いや鮫のことだとも言われている。特に鮫説は根強い。今でも出雲の方言では鮫のことを「わに」と呼ぶからだ。

いずれにしても、わに（鮫）は古代、日本人には身近にして重要な魚だったらしく、貝塚でも鮫の骨が発見されているし、『風土記』や『延喜式』にも鮫漁について記述がある。また、今でも伊勢神宮には鮫の干物がお供えされるそうだ。

そんな由緒あるニッポンのわにを広島県の三次《みよし》市というところで今でも郷土料理として食べていると聞き、驚いた。私はアマゾンやコンゴでは爬虫類のワニを食べているが、日本の「わに」は食べたことがない。どんな味がするのだろうか。広島市で講演会があったので、その帰り、県内（福山市）在住の友だちに車を出してもらい、三次市を訪れた。

瀬戸内側から行くと、三次市は遠い。「山奥」という印象だ。それもそのはず、ここは広島県ながら、地理的にも文化的にも島根県に近いのだという。鮫のことをわにと呼ぶのも、言葉が出雲弁に近いからだ。

「明治時代は島根から一週間くらいかけて漁師がわに肉を大八車で運んできて、こっちの米と交換してたみたいですよ」と語るのは、わに料理の有名店フジタフーズの店主・藤田恒造さん。

三次市でなぜ昔からわにを食べるのか。それは海から遠く鮮魚が手に入らなかったからだ。唯一、わに（鮫）だけは時間が経つとアンモニアが発生するため、腐敗菌を寄せ付けず、ひどいアンモニア臭さえ我慢すれば一週間前の肉でも刺身で食べることができる。かくして、三次市の人々は正月や婚礼、そして秋祭りの折にはわにの刺身を御馳走として食べていたそうだ。

昔の人は「腹がつべとう（冷たく）なるくらいわにが食べたい」と言ったという。わに肉は腹を冷やすと思われていたらしい。もしかすると、それ以外に生の魚を食べる機会がなかったからそう感じたのかもしれ

透き通るようなピンク色のわにの刺身

ない。

ところが昭和四十年代、つまり私が絵本で騙されていた頃には、流通事情が大幅に改善され、ハマチやマグロの刺身が普通に食べられるようになり、わにの御馳走感は薄れていった。平成に入ると、若い世代を中心にわにを食べなくなってきた。藤田さんはこの「わに離れ」に心を痛め、十年ほど前から、わにの新しい料理を考案開発するようになった。

店の壁は「わにバーガー」「わにソーセージ」「わにサブレ」などなど、「わに」という言葉であふれ、なんとも昭和的な熱気。圧倒されつつ、まずは伝統の一品であるわにの刺身を頼んだ。

「今のわにには全然臭くないですよ」と藤田さんは言うのだが、「臭くない」は「美味しい」には直接結びつかない。正直、全く期待していなかったのだが、出てきた刺身を見てびっくり。透き通るようなピンク色で、見るからに美味そうなのだ。以前、小泉武夫先生に御馳走になったミンククジラによく似ている。「わには鯨じゃないよな……」とまた何かに騙されているような気分になった。果たして味の方はどうなのか？

わにバーガーでわかったこと

わにの刺身は一見、新鮮なミンククジラによく似ていたが、生姜醤油で食べてみると、なんと味もそっくり。

臭くないどころか、魚に一般的な青臭さや繊維質もない。マグロやカツオから臭みを消し去り、もっと食べやすくした感じ。さっくりした歯ごたえ、鶏のささみのような味わいで、ちゅるんと喉を通る。いくらでも食べられてしまうのもミンククジラと同じだ。

同行していた私の友人は実は赤身の魚が苦手だったが、「わにはすっごく食べやすい」とのこと。店主の藤田さんが説明するに「魚の匂いは脂の匂いなんです。鮫は脂がないから魚の匂いがしないいんですよ」。

翌日、ここで買い求めたわに肉を東京へ持って帰り、友人たちとわに料理パーティを開いたのだが、メンバーの中に「魚が一切食べられない」という青年がいた。福岡県の魚屋の息子なのに、子供のとき突然、魚を受けつけなくなったとか。一種のアレルギーなのかもしれない。なのに、わにの刺身はパクパク食べていた。「全然平気ですね。すごくおいしい」とのこと。

あらためて、わに（鮫）は通常の魚類とは全く異なった肉質であることが確認された。

加熱したわに肉がほぐれるわにバーガー

魚類学者は鮫を鯨の仲間に入れた方がいいのではないか。

さて。ここまで読んで、「え、私も鮫肉食べたことあるけど、そんなに美味しくなかった……」という方がおられるかもしれない。

そうなのである。鮫肉自体は都内のスーパーですらときおり見かける。すごく珍しいものではないし、値段も安いのだが、「鮫が好き」という人には会ったことがない。

私もこの後、高知県四万十市で湯引きした（熱湯をかけた）「ふか（現地の言葉で鮫）」を酢味噌で食べたのだが、決してまずくはないものの、途中で飽きてしまった。三次市のわにの刺身のように、いくらでも食べられるというものではなかった。

どうしてフジタフーズの鮫肉と他の鮫肉はちがうのか。推測するに、一つには種類。藤田さんのところではネズミザメとアオザメだけを扱っている。

もう一つは藤田さんの眼力とポリシー。昔は島根県から人力で運ばれていたわにだが、現在はもっぱら九州や四国からチルドで届く。

藤田さんは市場へ行き、自分でわにを見るが、「切った断面を一目見れば、いいかどうかわかる」とのこと。「これはうまくないいな」と思ったら、買わない。なので、この店では刺身が常にあるとは限らない。テレビや雑誌でも幾度となく紹介されているので、全国からお客さんがやってくるが、刺身がなくてガッカリする人も少なくないようだ。

それでも厳選されたわに肉しか提供しないのは、藤田さん曰く、「わに肉が美味しくないと思われると困るから」。

うーん、鯨肉と置かれている状況も似ている。鯨も種類によっては、サンマと鯛ほどに味がちがうのに、一緒くたに「鯨」でくくられているし、一般に出回っているのは質のよくない肉が多いから、鯨が好きだという人はめったにいない。

ますますわに＝鯨説が私の脳内で強まっていったとき、それをひっくり返したのは加熱したわに料理だった。「わにバーガー」を食べると、わに肉が口の中でぱらりぱらりとほぐれていく。照り焼き風のタレと絶妙にからんでとろけていく様は、がっしりした鯨肉とは似ても似つかない。

わに肉は熱に弱く、火を通すとすぐにバラバラに崩壊してしまう。それを逆手にとっての一品なのだ。

わにはやっぱり鯨とはちがう。

わに（鮫）はワニによく似ている

今まで食べた肉でわに（鮫）ほど不思議なものはない。考えれば考えるほど、わにって何？　と疑問が深まっていく。第一の理由は調理法によって味や食感が極端に変わることだ。

前にも書いたように、フジタフーズのわに加工食品をいくつか買って帰り、友だちとわにパーティを行ったが、〝わに肉七変化〟とでも言うべき、味のちがいには一同が驚かされた。

まず、「わにチャーシュー」。といっても豚のそれとは「スライスされている」ということしか似ていない。藤田さんが相当に工夫を凝らして開発した料理で「製法は秘密」とのことだが、色はピータンのような黒系。皮及び皮下脂肪の部分らしい。

口に入れると、固いコラーゲンというのか軟骨なのか、コリコリして、沖縄料理のミミガー（茹でた豚耳のスライス）にそっくり。パーティにはたまたま宮古島出身の女性がおり、「これ、ミミガーですよ！　ああ、ミミガー食べたの久しぶり！　なつかしい～」と感激してしまい、いくらミミガーじゃないと言ってもそれこそ〝耳〟を貸さなかった。

いっぽう、わにソーセージは、匂いも味も、魚肉ソーセージそのまんま。藤田さんによれば、八〇%がわに肉で残りはつなぎの鶏肉だという。ちなみに一般の魚肉ソーセージは主にタラ、タチウオ、ホッケなどで、つなぎとして大豆タンパクやデンプンなどを使用しているらしい。まるで成分がちがうし、だいたいわに（鮫）は魚類とは全く異質の肉のはずだが、どういうことなのか。

結局、チャーシューやソーセージは藤田さんの〝個人技〟であるし、製法も公開されてないから、これ以上の探究は困難。ただ、わに肉はいろいろな肉に化ける能力があると言っておこう。

一つだけ、作り手の能力と関係がないわに料理を紹介したい。すなわち「わにの炙り串」。生肉を串に刺して炙ってから、ニンジン、大根、牛蒡《ごぼう》などと一緒に甘辛く煮込む。

藤田さんによれば、わに肉に関する最も古い記録がこの炙り串だという。江戸時代、山陰から来た行商人が山賊に殺された事件の調書に、「わにの炙り串を売りに来た」と出てくるそうだ。

藤田さんの工夫がわに肉七変化を生む

江戸期以前は資料がなくて不明だが、

もっと昔から炙り串は食べられていたかもしれない。それこそ、三次周辺を本拠地にしていた戦国大名・毛利元就だって、わにの炙り串が好物だったとしても不思議はないのだ。

本来的には三次市伝統のわに食は炙り串である可能性が高い。炙り串は昭和の終わりぐらいまで三次市で食べられていたという。

私たちも真似してみた。フジタフーズで買ってきた生のワニ肉を七輪で炙り、それを鍋に入れたのだ。一同の感想は「鶏のささみっぽい」「鶏と魚の中間」「脂っ気のない鶏肉」などだったが、私の妻は一言「これ、ワニに似てる！」。

え、やっぱり!?　と思ってしまった。

彼女の言うワニとは「クロコダイル」である。ベトナムで食べたという。

実は私もフジタフーズでわにバーガーやわにの煮た肉などを食べたときから同じ事を思っていた。でも、あまりに出来すぎた話だし、自分の味覚に自信がなかったから言わずにいたのだが、鋭敏な味覚を持つ妻までが断言するからには信憑性は高い。

クロコダイルの肉は鶏と魚の中間っぽいものだから、他の人たちの感想とも合う。彼らもクロコダイルを食べたことがあればそう思うんじゃないか。

暫定的な結論。三次市で最も伝統的なわに料理、それはワニにそっくりだった……。

信じられないなら、ぜひ三次市のわにと爬虫類のワニを食べ比べてほしいと思う。

熊本で食べた生のカタツムリ

「これまで食べられなかったものはないんですか？」という質問をよく受ける。

正直に言って、何かを出されて食べられなかったことは一度もないのだが、躊躇したことは何度かある。あろうことか、そのうち二回は日本でのことで、両方とも「料理として出された」わけじゃなく、というか食べ物ですらなかった。

最初は学生時代、熊本県のある町でのこと。町役場から洞窟の調査を頼まれ、探検部の仲間とともに訪れて数日滞在した。

ある日の夕方、洞窟調査を終えた私たちは町の人たちと焚き火をしながら談笑していた。やがて、暗くなり、焚き火を消したら、そこから炭に混じって黒く焦げたカタツムリが出てきた。

私がコンゴでゴリラを食べたというような話をしていたせいだろう、町の人たちが「それ、食いなよ」とけしかけた。あまり気は進まなかったが、ゲテモノ食い自慢をした手前、食べないわけにはいかなくなり、思い切って殻を割って口に入れた。

味はなんとも微妙。なにしろ焚き火で巻き添えになっただけなので、まんべんなく火が通っていない。よく焼けた部分は意外にもというか当たり前というか、以前、パリで一度だけ食べたエスカルゴに似ていた。ただ、こちらは調味料なし。せめて塩でもあればありがたかったのだが。

しかし火が多少でも通っている部分はまだいい。半分くらいはほとんど生だった。舌触りはにゅるっとして、嚙むと中心部に妙な弾力を感じた記憶がある。生のカタツムリといえば、ナメクジと同じものだろう。思わずウッと来かけたが、素知らぬ顔で飲み込んだ。

熊本の人たちは自分たちでけしかけたくせに、まさか私が本当に食うとは思わなかったらしい。ひどく驚いて、「吐いた方がいい」とか「薬を飲め」などとうるさくて、閉口した。幸い、その後、胃腸に何も問題はなかった。

もう一度はその少し後、東京で起きた。ある雑誌から原稿依頼が来て、一度打ち合わせを兼ねて、食事することになった。

新宿で会った相手は、二十代後半とおぼしき、美人の女性編集者だった。彼女は「美味しいスパゲッティのお店があるから行きましょう」と言う。当時の私はほとんど外食をしない人間で、したとしても行先は牛丼屋か居酒屋ぐらいである。スパゲッティの専門店なんてアフリカより遠く感じた。

案の定、そこは白を基調としたおしゃれな店だった。メニューを見てもよくわからないものばかりなので、なじみのあるタラコ・スパゲッティを頼んだ。女性編集者はとても感じがよくて、なんだかデートに来てるような、夢心地の状態である。

ほどなく料理が運ばれてきた。話をしながら三分の一ほど食べたところで、私は異物を皿に発見した。最初は目の錯覚かと思ったが、何度見ても同じ。それはバイト先の喫茶店の厨房でよく見かけるチャバネゴキブリの死体だった。

どうしようかと思った。もちろん、「これ、ゴキブリが入ってますよ！」と苦情を言うことはできるが、それでは案内してくれた彼女の立場がなくなる。黙ってゴキブリを脇によけておいても、最後に皿にはゴキちゃんだけが残るから、やはり彼女が気づくだろう。

となれば結論は一つだけだ。何食わぬ顔をして、ゴキブリをスパゲッティと一緒に食べた。といっても、熊本のカタツムリとちがって火が通っているわけだし、私はゴキブリに何の偏見もないから抵抗感は少なかった。

ゴキブリの味はタラコ風味だった。タラコ・スパゲッティなんだから当然だ。具にもよく味の染みたとても美味しいスパゲッティ専門店だったのである。

V
東アジア
絶倫食材に悶絶した日々

世界最凶の屋内食ホンオ

「ホンオが食べたい」と私が言うと、韓国の友人カンさんは実に浮かない顔をした。先日ソウルへ行ったときのことである。

ホンオとは韓国語で「エイ」のこと。エイはサメと同様、ちょっとでも鮮度が落ちるとアンモニア臭を発するので日本では敬遠される（乾燥させたエイヒレぐらいしか食べない）が、韓国ではわざわざ瓶の中で発酵させ、アンモニア臭を何倍にもアップしたものを食すという。

発酵学の小泉武夫先生によれば、世界でいちばん臭い食べ物はスウェーデン人が屋外で食べる魚の発酵食品「シュールストレミング」、そして二番目がこのホンオだという。

その威力たるや凄まじい。小泉先生は「食べたあとで失神したり入院したりする人が大勢いる」などと語っている。先生自身、ホンオの刺身を口に入れたまま深呼吸したら、「目の前がスパークし気が遠くなった」そうだ。

そんなに過激なものが屋内の料理屋で提供されているということが信じがたい。カンさん曰く「韓国人でも好きな人とそうでない人にはっきり分かれます。僕は好きじゃないですね」。

それでも友誼《ゆうぎ》に厚いカンさんは、ホンオ好きの友だちらと一緒に専門の店へ連れて行ってくれた。

意外にも半分以上は女性客。ホンオ・マスターの友だちは「ここは初級者用の店です」と説明。実際に大皿にのって登場したホンオの刺身はさして臭わない。

しかし油断は禁物だった。「え、これ全然臭くないじゃん」と皿に鼻をくっつけてクンクン嗅いだカンさんは次の瞬間、「うわっ‼」と叫んで後ろに吹っ飛び、蟹のようにひっくり返って口から泡を吹いた。アンモニアをじかに吸い込むとものすごい衝撃を受けるらしい。小泉先生の言ったとおりだ。

私はカンさんの突撃精神に敬意を表しつつ、その二の舞にならぬよう、慎重に息を落ち着けながら食べた。コチュジャンに酢と砂糖を加えたタレにつけて口に入れると、アンモニア臭がもわっと広がり、えもいわれぬまずさ。軟骨がとおっているらしく、刺身なのに妙にゴリゴリしてそれも喉を通りにくくさせる。

やっと飲み込むと、マッコルリを一杯流し込むのが作法。乳酸発酵酒が口から胃まで嫌な臭いを洗い流してくれるようでホッとする。

見てくれはゴージャスなホンオの刺身

しばらくして気づいたのだが、このアンモニア臭はフランスチーズの匂いによく似ている。でもチーズには乳製品特有の甘くて濃い匂いも含まれるし、味ももっと複雑でまろやかだ。ホンオは単調な刺激臭しか感じられない。

なんてことを思ったのだが、ホンオ・マスターは「次の食べ方」を教えてくれた。今度はキムチ、蒸した豚バラ肉と重ねて一緒に食べる。これを「三合（サマップ）」という、オキアミを発酵させたタレにつけて食べる。

量がかさばるので口に押し込んで無理矢理嚙む。韓国らしい強引さに辟易《へきえき》しかけたが、嚙んでいたら「おっ！」と思った。

けっこういけるのだ。ホンオの鋭い刺激がキムチの爽やかな発酵とふっくらした豚バラ肉と合わさると、私が発酵食品に求める複雑かつまろやかな味わいになってくる。アンモニア臭もここではアクセントとして効いている。さらにその応用編として、三合をサンチュやエゴマの葉で包むともっと香りや風味が豊かになる。

正直言ってまだ「美味い！」とまでは思わないが、食べれば食べるほど好きになっていく感覚がある。それは臭いフランスチーズを初めて食べたときの感覚にも似通っている。

しかし、これはあくまで初級用ホンオ。次回は「本場」で中級・上級にチャレンジすることにした。

恐怖のスパークリング・エイ料理ホンオ

店で出される料理としては世界で最も臭いと思われる韓国のアンモニア・スパークリング・エイ料理「ホンオ」。その本場は韓国南西部にある町・木浦《モッポ》である。私は別の取材のついでに、韓国人の（でもホンオは嫌いな）カンさんをなだめすかして、この町にやってきた。

市場周辺はホンオ一色。市場の目抜き通りにはホンオの刺身を切って箱詰めする店がずらりと軒を連ね、小型のエイの開きが干してある。面白いことに干したエイはアンモニア臭がせず、居酒屋のエイヒレの匂いがする。何カ月も掃除してない小便器のような臭いのホンオになるか、エイヒレになるかはごく小さな分かれ道らしい。

私たちは市場前に並ぶ料理屋にてきとうに入り、ホンオを頼んだ。今日は中・上級編だ。

まずは「肝」。これには文字通り「度肝」を抜かれた。絶品なのだ。ちょっと牛乳がかかったかのように白っぽい見てくれだが、食べてみても不思議とミルキーな風味がある。ものすごく新鮮らしく、おぼろ豆腐のように口の中でぷるぷる震え、そのままヨーグルトのように溶けそうなのに、噛むとプチッという歯ごたえがしっかりある。これが

世界最凶の臭気を放つホンオの蒸し料理

あの下品なアンモニア・スパークリング魚の肝とは到底思えない。「ホンオなんか絶対食べない」と思った人も肝だけは試すべきだろう。

続いて刺身。「すごく腐ったやつ」（発酵がすごく進んだホンオを韓国ではそう言う）を頼んだ。しかし、結果は「うーん……」。さほど刺激的な感じはしないし、アンモニア臭よりも魚の生臭さが鼻につく。

臭さやまずさも中途半端で、わざわざこの遠い港町まで来て食べるほどのインパクトは感じないのだ。ホンオ、みんな大げさに言いすぎなのではないか？

だがまだ終わりではない。というか、これからが本番だった。締めにホンオのチム（蒸し料理）を頼んだ。大皿に、ネギ、ニンジン、ニラが入っており、遠目にはふつうの魚の蒸し料理に見える。だが、スプーン一杯分の塊をとって口に入れると強烈。湯気と一緒にアンモニア・スパークリングがジュワーッと口から喉、鼻と呼吸器に充満するのだ。飲み込んでも胃から臭気が逆流してくるので、急いでマッコルリを流し込む。

「なんじゃこりゃ!?」こんな食べ物、あるのか？　どうしてこんなものを食べようと思うのか？

俄然おもしろくなり、二回目は思い切ってガバッと大量にすくって口に放り込んだ。すると、大変なことが起きた。舌と口腔内へビリビリと電気が走り、直後、それは塩酸でもぶっかけられたような全面的な衝撃となって口全体が焼けただれていくような感覚に陥った。

「うわっ！」

火傷したときの習性で、新鮮な空気を入れるべく口を開いたら……ドカーン！　ときた。入ってきたのは空気じゃなくて毒ガスだった。そう、ホンオを口に入れたまま呼吸するのはタブーなのだ。目に星が飛んだ。ちょっと貧血っぽくなって焦ったが、口を開けるともっと悲惨なことになるので、必死でこらえてなんとか飲み込んだ。

――はあ……。

なんて恐ろしい食い物だろう。まだ口が痺れているし、頭も痛くなってきた。

ところが、またしばらく間を置くと、なんとなくスプーンがホンオに伸びている。あんなに激烈にまずいのに、一体なぜだろう。

まるで自分がホンオに支配されつつあるような、アンモニア・スパークリング人間と化しているような、不気味で倒錯的な魅力を感じてしまったのだった。

上海人もビックリのゲテモノ食い

巨大ムカデの唐揚げ、カエルの裸煮、豚の脳味噌炒め、牛の筋とペニス、臭豆腐、蛇肉の唐揚げ……。

写真付きのメニューを見るだけで頭がくらくらする。ここは一体、現代日本なのか？新宿歌舞伎町の狭い路地奥にある「上海小吃《シャオツー》」。店内の表示は中国語のみ、年齢不詳なチャイナドレスの美人店長が上海語でスタッフに何かまくしたてている。異世界にトリップしてしまったみたいだ。

実はこの店、以前何度か来たことがあったが、珍味類を異常なほど充実させていることを最近知り、担当編集者のY氏と訪ねてみたのだ。

「こういう料理、どんなお客さんが食べるんです？」気を取り直して店長に訊くと「ムカデとペニスは、女ほしい人、食べるよ！」と直球の答え。「ホストなんかもよく来て食べるね」精力増進や滋養強壮に効くという。「上海ではみんな普通に食べてるよ」というから驚きである。

何を注文したらいいか迷っていると、店長が「虫の盛り合わせ、作ってあげるよ」。そんな盛り合わせは初耳だが、ありがたい。ただ調理の様子を見たいというと、厨房は取材不可だという。せめて調理する前の状態が見たいと駄々をこねたら「社長に訊いてみる」とのこと。どうも難しいらしい。

とりあえず、それは諦め、他にも牛のペニスや蛇の唐揚げなど、これぞと思うものを一般客として注文。

しばらくして、虫の盛り合わせが登場した。

生々しい虫の盛り合わせ

「うわっ！」私たちは思わず、声にならない声をもらした。バッタ、セミの幼虫、巨大ムカデ、タランチュラ、サソリ。気持ち悪いなんてもんじゃない。

「これ、食うのか……」

三十年くらい世界各地で様々なゲテモノ類を食べてきた私だが、食卓に出されてこんなにたじろいだことはなかった。どうしてだろう？　日本だからなのか、きれいな白い皿に盛られているせいなのか。幼虫やムカデのテラテラ脂ぎったツヤ、タランチュラの繊毛の生えた足やバッタの羽根のリアルな質感がハンパじゃないのだ。

ものすごく気が進まなかったが、出されたものは絶対に食べるのが私の流儀。まずハードルの低そうなバッタから。口に入れるとボソボソして、でもぐちゃぐちゃと湿った感じもあり、まさにバッタの死骸という印象。味つけは大変薄い。でも、まあこんなものだろうか。

「中華には珍しく、素材感がありますね」と、顔をしかめながら食べているYさんに言った。

続いてセミの幼虫。こちらは外は殻が固いビニールのようで、中は白くてぐじゅぐじゅしており、タンパク質が生々しい。Yさんは泣きそうな顔をしていつまでも口の中でくちゃくちゃ噛んでいる。飲み込めないようだ。

しかし、と首をひねる。どう考えても味が薄すぎる。塩か唐辛子が足りないんじゃないか。隣室にいる店長にそう言うと、彼女は大声をあげた。

「それ、料理してないよ！」

「え、じゃ、これ生⁉」

「そうよ、見たらわかるでしょ！　そんなの食べたら死んじゃうよ‼」

何てこった。生々しいとか素材感があるも何も、生の素材だったのだ。上海人もびっくりだろう。考えてみれば、私たちが調理前の状態を見たいと頼んでいたのに、すっかり忘れていた。Yさんがウエ～と言いながら、口のものを小皿に吐き出した。

呆然としている私たちを見て店長が大笑いした。

「あんたたち、今日は歌舞伎町から帰れないね‼」

生虫、滋養強壮に効き過ぎるのだろうか……。

巨大ムカデと人類の叡智

新宿歌舞伎町の「上海小吃」でゲテモノ料理に挑むつもりが、間違えて生の虫を食べてしまったわれわれ週刊文春取材班。

「Yさん、気づかなかったんですか?」と今さら担当編集者を咎めると、「だって、百戦錬磨の高野さんがパクパク食べてるから」との答え。私の百戦は「錬磨」でなく「連敗」だってことを彼は知らなかったらしい。昔もタイの市場で売っていた生のイモムシを間違えて食べてしまったことがある。何度も同じ間違いをするのが私の特徴だ。

さて、あらためて、調理された「虫の盛り合わせ」が運ばれてきた。「おおっ、食べ物だ!」とびっくり。姿揚げなので、形状はそのままだが、質感が「生」とは全然異なり、ちゃんとした料理に見える。火を通すとこんなにもちがうのか。

ゲテモノ料理挑戦から解放された思いで、順番に気楽につまんでいく。

まず、生のときは粉っぽくて死体じみた味がした(というか死体だったのだが)バッタは、カリッカリに揚げられ、塩味で唐辛子も効いており、まるでスナック菓子の「カール」みたいな食感。ビールが進む。

セミの幼虫は先ほどの(生の)むにゅむにゅしたタンパク質がどこへ行ってしまった

かと思うくらいカスカス。栄養分が失われ、勿体《もったい》ない気すらする。

続いてタランチュラ。こちらは昔カンボジアで食べた物と同じ味。前の虫二つより中身がつまっている。運良く遅れてやってきて「生」を食べずに済んだ同じく文春の女性編集者Iさんは「土っぽい」と適確な表現。言い得て妙だ。足が焦げて炭化しているせいかもしれない。

お次はサソリ。長さ十センチ。巨大なハサミと反り返った立派な尾をもっている。他の虫は北京から輸入しているが（首都に各地の名産品が集まるらしい）、これは山東省から来たという（「山東省はサソリで有名」と店長）。鋼鉄のようなボディをしているだけあり、

ムカデの姿揚げ、でかすぎ！

囓るとバリバリと大きな音がする。中には灰色の内臓があり、やや苦い。

「ちょっとエビみたい」とIさんがまた鋭い指摘。たしかに、ぷりぷりした肉の部分をのぞいたエビと考えるとしっくりくる。でもいちばん美味い部分のないエビって……。

そしてラストはいよいよ巨大ムカデ。長さ二十センチ、幅は胴体が一センチ、足を入れると二センチ。これを生で喰わなくて本当によかったと思う。おそらく、これは熱帯

の国から来たのではなかろうか。私も東南アジアのジャングルで生きて動いているものを一、二度、見た記憶がある。

他の虫は串から外して一つずつ食べたが、これは串のまま齧る。サソリ同様、外側はサクサク（ガサガサとも言える）、中はグレイな内臓だが、「こっちは薬っぽいですね」とIさん。たしかにちょっと漢方系の香りがする。Iさんは素晴らしい。常に冷静で適確な指摘をしてくれるこの女性が初めから居合わせてくれたら、私たちも虫を生で食べずに済んだだろうと心底残念なほどだ。

さてさて。虫の盛り合わせでどれがいちばん美味かったか。

答えは巨大ムカデ。実際、「取材」を終えて他の普通の料理（こちらも美味しい）も頼んでいるのに、私はどうしてもムカデに手が伸びてしまう。理由はバランスのよさ。他の虫はハサミとか頭とか形状にばらつきがあるが、ムカデはどこをかじっても足、殻、内臓と形状が均一で適度な香り、苦み、食べ応えがあり、火の通り具合もいい。生では超絶なゲテモノが見事なつまみになっている。

腕のよいシェフと「火の利用」を発見した人類の叡智に乾杯である。

蛇肉は美味いのか問題

蛇肉の味がわからない。それが悩みだ。四、五回食べたことがあるのに訊かれると困る。

所詮、肉の味なんてかなり〝相対的〟なものだ。牛肉だって、すき焼きとローストビーフではまるでちがう肉のように感じる。松阪牛の霜降りとオージービーフのランプ肉も別物だ（値段も別物のようだが）。味つけや調理法、部位、種類などで肉の味は大幅に変わってしまうのだ。

蛇もそう。味の記憶が混沌としている。コンゴで食べて美味しかったと思ったのは、いずれも全長三メートル以上のニシキヘビである。たしかぶつ切りにしてヤシ油で煮込んだものと、燻製肉をキャッサバの葉と和えて煮込んだ料理だったように思う。前者はかなり味つけが濃く、後者はスモークされており、緑色野菜と煮込んでいる分、臭みがなく、肉も柔らかかったはずだ。

味はワニ肉に似ていたと記憶する。ワニ肉については二一三ページに詳しく書いたが、「口にしたときは白身魚のようだけど、嚙んでいるとだんだん嚙み応えが出てきて、飲み込むときには鶏肉そっくり」というもの。

いっぽう、同じコンゴのニシキヘビでも、狩猟採集民のムブティのキャンプ地で食べたときは臭みが強くてまずかった。

それからタイのチェンマイにある料理屋で、自転車のタイヤほどの太さの蛇（アオダイショウくらいか）の炭火焼きを食べたことがあるが、それこそゴムタイヤのように固くて食えたものではなかった。

コンゴで捕まえたニシキヘビ

他でもベトナムかカンボジアで食べたと思うが、このときは小骨が多くて、やはり途中でイヤになった記憶がある。ただし、調理法や味つけは覚えていない。

あー、一体蛇の味って何なんだ！　と苛々が募る。

そこで満を持して、日本屈指の珍味系料理のワンダーランド、新宿歌舞伎町の「上海小吃」。刺激的な「虫の盛り合わせ」の後は、蛇肉に挑むことにした。

蛇の唐揚げを頼んだ。揚げ物はいい。肉の味が外に逃げないし、タレなしなら濃い味つけもない。〝相対的〟にだとしても蛇肉の基本形に近いのではなかろうか。

調理前の蛇を見せてもらう。皮を剝ぎ、折りたたみ自転車のタイヤほどの大きさにまるめて冷凍されている。チェンマイで食べたものと同じサイズだ。

しばらくして、薄く衣のついた唐揚げが登場。形といい大きさといい、ケンタッキーフライドチキンにも間違えそうだ。一口がぶっと齧る。

「おおっ！」と思う。美味い。あっさりふっくらした白身肉で、中身もＫＦＣに似ている。ただサンマやアジのような小骨がびっしり生え揃ったところはいかにも蛇らしい。また、よくよく味わうと、飲み込んだときに若干臭みがある。

総合的に言えば、コンゴのニシキヘビ肉の記憶に近い。つまり、「蛇肉≒ワニ肉≒鶏肉」という仮説が得られたわけだ。頭のもやもやがほどけて嬉しい。

面白いのは、同席している担当編集者Ｙ氏。もともと珍味系に不慣れなうえ、この日、私と一緒にまちがって生のバッタやセミの幼虫、また、調理済みとはいえ巨大ムカデやタランチュラも渋々食べていた。そのせいだろう、もはや蛇肉の唐揚げなど抵抗感は皆無らしい。「おいしい〜。でも小骨が多いですねえ。鱧《はも》の料理人ならこの小骨もきれいに切ってくれるでしょうね〜」と言葉もなめらか。

こんなにホッとした顔で蛇を食べる人も珍しい。臭みも全然気にならないよう。初めから蛇肉だったら、到底こうはいかなかっただろう。

肉の味は、別の意味でも〝相対的〟なものだと再認識させられたのだった。

〝絶倫食材〟は体内で蠢く

世界にはどこでも滋養強壮に効くという食材が存在する。私もミャンマー北部のジャングルを反政府ゲリラの兵士たちと一緒に旅していたとき、途中の村で「テナガザルの脳味噌の燻製を漬けた酒」を飲んだことがある。真っ黒焦げのサルの頭が半分割られて、オレンジ色の脳味噌がのぞいている。これを米の焼酎に漬けたものだが、あまりのグロさに兵士たちも辟易し、飲んだのは私だけだった。煙くさくて美味くはなかったし、特に精力がついた感じもしなかった。

今回はどうだろうか。ここ新宿の「上海小吃」ではすでに普通の人の一生分くらいの「絶倫食材」を腹に詰め込んでいた。別に若い愛人がいるわけでもないのに、私と担当編集者のYさんは何かに取り憑かれたかのように、さらなる精力剤に挑んだ。

「牛のペニスと牛すじの煮込み」。調理前のものを見せてもらうと、警察官の持つ警棒のような形状だが、軽くてプラスチックのよう。白い玉袋がついているのでかろうじて一物だとわかる。これを油で八時間も煮て柔らかくするという。食べてみると、牛すじとタマネギと一緒に醤油で煮込まれているせいだろう、牛丼によく似た味だ。ペニス自体は軟骨より柔らかく、でも脂身よりはコリコリした食感。普通に美味しい。

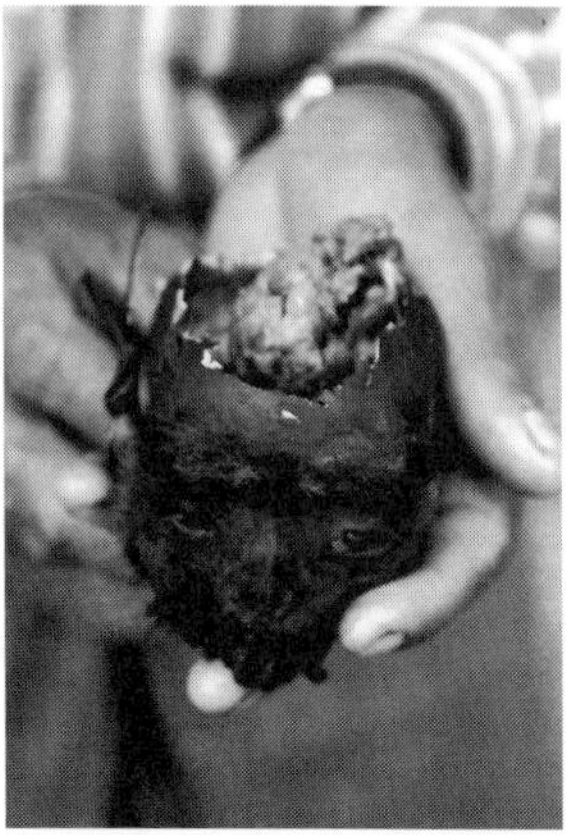

酒に漬ける前のテナガザルの燻製
脳味噌

さらにさらに、勢い余って、女性向けの〝効く料理〟も試した。なんと「カエルの子宮」。これはデザートだった。ナタデココにも似た透明でぷるぷるした物質が甘いミルクの中に浮いている。上海風寒天のスイーツとでも説明したら納得してしまうような味わい。これがカエルの子宮なのか？　一体、何匹のカエルを使っているんだろうと考えてしまう。

「これを食べると生理が長くなる（閉経が遅くなる）」と美人店長。「私、毎日、一口ずつ食べてる。五十四歳だけどまだ効いてるよ！」

おや、年齢不詳のはずがわかってしまった。でも説得力がある。とてもその年には見えないし、女性ホルモンを誘発する作用があるのかもしれない。性の力がアップするという意味ではこれも「女性用絶倫食材」と呼べる（文庫註：この箇所を読んだ獣医師の友人に「カエルは卵生だから子宮はないでしょう」と言われてしまった。たしかに。じゃあ、何なのだろう？　調べてみたら、どうやら「雪蛤《はすも》」と呼ばれ、カエルの輸卵管のことだという。広東料理の高級食材とのことだ）。

さてさて。この日、私たちは一体どれくらい「絶倫食材」を食べたのだろうか。間違えて食べた生のバッタとセミの幼虫、それに揚げた巨大ムカデ、サソリ、タランチュラ、ヘビ、牛ペニス、カエルの子宮。質量ともに凄まじい。

あとで編集のYさん（四十歳）に訊いたら「その晩は下半身が二十代のようになってました！」とのこと。え、本当に効いたのかとびっくり。私は下半身に特に異常は感じられなかった。

でも、実はもっと異常なことが起きていた。翌朝目が覚めて台所へ行くと、大鍋一杯ものカレーを発見したのだ。「なんだ、これ？」と目を瞠った。記憶にないのだ。でも、よく考えると、昨晩、俺、何か作ってたなとぼんやり思い出した。

そうだ、帰宅するなり急にカレーが食べたくなったのだ。その衝動にまかせてしゃかりきに野菜や肉を切ったり炒めたり煮たりした。なぜそんなことになったかわからない。これまで私は外で飲み食いしたあとで料理など一度もしたことがない。しかもあれだけ飲み食いして、空腹のわけがない。

なのに、その晩は体がやみくもに動いて止まらなかったのだ。あたかも何かヤクでもやっているかのように。そして、一時間くらいかけて作り終えると、突然電池が切れたかのように眠くなり、一口も食べずに寝てしまった。

こんなことは人生初の体験だ。ムカデかヘビか牛ペニスかが脳内か体内で蠢《うごめ》いていたのだろうか。でもなぜ精力増進じゃなくてカレー製作なんだろうか。首をひねるばかりの私だった。

個人的最大の恐怖!? ヒルに似た食べ物

突然だが、私は「ヒル（蛭）恐怖症」である。細長く、伸びたときのサイズは三〜七センチくらいで、茶色から緑がかったものまで、いろいろ種類がある。水辺や草地におり、人や動物にたかって血を吸う。

昔は特になんとも思ってなかった。ただ、血を吸われると、引きはがしたあとも血が止まらず、ときにはそこが化膿したりするので厄介だなと思っていた程度だ。ところがミャンマー北部のジャングルをゲリラと一緒に二カ月くらい歩いていたとき、それが「恐怖」に変わった。雨季が始まり連日豪雨に見舞われた。雨が降ると、この辺はヒルの天国である。

泉鏡花の有名な小説『高野聖』には主人公の僧侶が山を歩いていると、上から無数のヒルが降ってくるという恐怖の場面がある。

実際にはヒルは地面の上や丈の低い草の葉裏に隠れている。そして、動物や人間の立てる音や振動を感知すると、ひょいと取りつき、尺取り虫のように伸縮しながら上ってくる。その速さといったらない。靴から肩まで十秒もかからない。そして、たとえ皮膚の上を這《は》っていても人間は感じない。気づいたときには首筋で血を吸っていたりする。

だから「ヒルが木の上から降ってくる」などと誤解されるのだ。

ジャングルを一列で歩いているときは、よく、前の人の足下からヒルがぞくぞくと這い上がり、いそいそと襟元から服の中へ入っていく光景を見た。おぞましいのは、それが今、私の身にも起きているということだ。ヒルは血を吸い始めると、手でつまんでひっぱってもなかなかとれない。やっととれたと思うと、今度は指に吸いつく。どうにもならない吸血動物なのだ。

無数のヒルのごとく蠢くタコの足

あるとき、湿地帯の真ん中で、ふと気づいたら、見渡す限り、大小のヒルが地面のそこかしこで立ち上がり、頭（？）をゆーらゆーらと揺らして、獲物を探していた。そして私の靴やズボンに取りつくと、我先にと、体を伸縮させながら体にのぼってきた。その瞬間、ぞわーっと背筋が冷たくなった。私のヒル恐怖症が始まった瞬間だった。

その旅の最中は無我夢中で歩いていたこともあり、なんとかなったが、以後、ジャングルでヒルを見ると、体がハッと強ばり一瞬息が止まる。それほど気持ち悪い。

ヒルだけではない。ヒルに似たような生物も怖い。

例えば、ミミズが雨上がりの道路をのたくっているのを見ただけでゾッとしてしまうのだ。前は釣りの餌として普通に扱っていたのに。

さて、こんなヒル系動物恐怖症になってしまった私がヒルによく似た食べ物を目にしたらどうなるか？　そんな一見ありえないことが本当に起きたのは韓国の木浦でのことだった。

私は、屋内料理としては世界で最も臭いと思われる発酵エイ「ホンオ」を食べに来ていたのだが、通訳として同行してくれた友人のカンさんが「ホンオなんて臭くてまずい魚は食べたくない。それよりタコを食べたい」と強く主張する。

この辺の海はナクチ（テナガダコ）という、細い足をしたタコの産地として有名であり、それを生きたままぶつ切りにして食べる。韓国通の日本人は「タコの躍り食い」などと呼んでいるらしい。

写真を見るだけで背筋が寒くなった。ぶつ切りのタコが気のせいか、ヒルに似ているからだ。しかもそれが動いているという……。私はなんとか回避しようとしたが、カンさんには嫌なホンオを食べさせ、自分の嫌なものは食べないというわけにはいかない。

しかたなく、ナクチとホンオを両方出す店に入った。

吸い付き方もヒルそっくりのタコ躍り食い

タコは店の水槽に何匹も入っていた。スイーッと泳ぐ姿は優雅で、おいしそうでもある。普通に煮るか焼くかすれば、私も喜んで食べるのに、どうして躍り食いなどするのだろう。悪趣味にもほどがある。

注文すると、皿の上に、長さ四、五センチに切ったタコの足が出てきた。一目見るなり、私はあまりの気持ち悪さに血の気が引いた。本体から切り離されているのに、生命体のように、にゅるにゅる、じゅわじゅわと活発に動いている。

大きさといい、動き方といい、湿地帯のヒルがのたくっているのにそっくり。特に先が細くなったやつ。というか、ヒルを知らない人にはこの蠢くタコ足を見せて「これぞっくりのもの」と説明してあげたいくらいだ。ヒル系動物に触るのも嫌なのに、これを口に入れろというのか⁉

カンさんは嬉しそうに、のたくる一本を箸でつまむと、「よくごま油につけないと喉にくっつく。それで死ぬ人もいるからね」と言い、ごま油につけ、まだ動いているのを平気で口に入れ、くちゃくちゃ嚙む。「おいしい！」と満面の笑み。

カンさんがまるで野蛮人のように見えた。私も長らくゲテモノを食ってきたが、食べ

タコの胴体を茹でた鍋

られない人からはこのように見られていたのかと初めて思い至った。

カンさんが「このタコはここでしか捕れない」「細くないと美味しくない」などと蘊蓄《うんちく》を述べていると、タコ足はだんだん大人しくなっていった。どうやら、生命の残り香がやっと消えたみたいだ。

と、思いきや、カンさんが「あ、静かになっちゃった」と言って、箸で皿をかき回したら、タコ足は息を吹き返したように、ぞわぞわと動き出した！　刺激を受けるとまた動き出すのか。これまたヒルそっくりだ。

もし一人なら私は一口も食わずに逃げ帰っただろう。しかし、ヘンな食べ物取材の人間として、それは許されない。幸いなのは手づかみじゃないことだ。いちおう、箸がある。

ジャングルでも箸でヒルをつまんで捨てたことが何回もある。手ではがすと、手にくっついて離れないから……、ああ、またヒルのことを思い出してしまう。

ともかく、箸でつまんでごま油にひたす。ここで死んでほしいが、なんということか、つけ皿に吸盤が吸い付き、箸をあげるとつけ皿ごと持ち上がってしまう。ヒルそのままの吸引力。もうとっくに生命を失っているはずなのに、なんというパワー。左手でつけ皿をおさえて、ようやく剝がれた。

口に放り込み、一気に嚙む。自分の口が動けばヒル、いやタコの足が動いているかどうかわからない。そして急いで飲み込む。焦っているので味など全然わからない。いや、努めて感じないようにしてしまった。

もう一度トライ。今度はもう少し大きめのやつ。タコ足が口の中にひっついて来て、一瞬「ヒッ!」と思ったが、無視して嚙んで飲み込む。けっこう美味い気がする。そして三度目に口にしたときはさすがに慣れた。

暴れるタコ足を落ち着いて咀嚼し味わうと、すごく美味い。なんせ超絶新鮮。味もさることながら、チュルチュルシコシコの食感がたまらない。ニンニク入りのタレにつけてもいい。

私にとって、何かが「食べられた!」なんて思ったのはこの三十年で二回目か三回目ぐらいだ。

この後、タコの胴体を茹でた鍋が出て、これがまた絶品。相変わらず、ヒル恐怖症は治っていないが、ナクチの躍り食いと鍋のセットはまた是非食べたい。野蛮人の仲間入りをした私はそう思ったものである。

缶ビールでアヒル肉を炒める「啤酒鴨」

中国南部の広西チワン族自治区にある三江という町に行ったときのこと。

広西は全体的にアヒル料理が盛んだが、ここも水が豊かで、田んぼに放してのびのび育てた地鶏ならぬ地アヒルをいろいろな方法で食べる。だが「啤酒鴨《ピージューヤー》」という料理名をある店の看板で見たとき、なんだかさっぱりわからなかった。啤酒はビール、鴨はアヒル、つまり「ビールアヒル」だ。ビールに合うアヒル料理なのか、ビールみたいな黄金色をしたアヒル肉なのか。

まあ、この辺の店が勝手に作って名付けたおバカな創作料理なんじゃないかと思って、そのまま忘れてしまった。

ある日、山間の農村地帯まで車を雇って足を伸ばした帰り、村に一軒だけある食堂で遅い昼食をとることにした。どうせ、大した料理はないだろうと思いつつ、「何ができます？」と訊くと、「啤酒鴨」という答えが返ってきて「おお！」と驚いたのだ。

町の創作系料理じゃなくて、農村にまで浸透している立派な地元料理なのか。訊けば、アヒル肉を炒めるとき、中にビールを入れるという。「何じゃ、そりゃ？」と思った。中国でも料理に酒を使うが、ふつうは紹興酒や、白酒や焼酎などの蒸留酒だ。どうしてビールなんだろう？

実はドイツなどでは肉のビール煮込みがあると後で知ったが、ヨーロッパに縁のない私には極めて奇異に感じられた。

田舎の店なので厨房まで入り込んで手順を見せてもらえた。ゴーゴーと燃え盛る強火で鍋の油を熱してから、ぶつ切りにしたアヒル肉のうち、手羽や足など骨の多い方を先にぶち込む。次に残りの肉を入れて、よく炒める。

かなり炒めてからニンニクと生姜、さらに、唐辛子、醬油、塩を連続して投入。しっかり火が通ってから、女将さんが部屋の奥から持ってきたのは「燕京啤酒」という三百三十ミリ缶ビール。六缶パックが約十元（約百七十円）という激安ビールだ。

まずはアヒル肉をぶつ切りに

プシュッという馴染み深い音とともに缶があき、でも女将はそれを口にもっていかずに、ドボドボと鍋に流し込んだ。何か、ひじょうに「間違ってる」という感触がぬぐえない。

女将はすかさず、蓋をする。このまましばらく蒸す。これは炒め物に酒を使うときの一般的な方法と同じだ。蓋はしても蒸気は外に漏れるので、十分ほどして蓋をあけると、水分はかなり飛んでいる。ざざっとかき混ぜて完成。

お味はどうか。もともと中国のビールはアルコール度数が低い。たいてい二・八％未満である。その薄いビールを十分も強火にかければ酒の成分はすっかり飛んでしまう。だから、匂いを嗅いでも、ふつうの炒め物の芳ばしい匂いしかしない。食べても同様。ふつうに美味いアヒル肉の炒め物だ。なあ～んだ、と拍子抜けしたのだが、そのうち気づくと、このアヒル肉ばかりすごい勢いで食べている。

美味なのだ。なにしろ肉が柔らかい。アヒルは鶏に比べると、肉が骨にぎゅっとしがみつきはがしづらいのだが、これは箸でつまむとほろっと何の未練もなくこちらに身をゆだねるようにはがれ落ちる。うーん、酒を入れたからこその柔らかさなのだろう。

でも、なぜ白酒や焼酎などではなくビールなのか。推測するに、他の酒だとアヒル肉に余計な風味がつくからじゃないか。もちろん、酒の風味はそれはそれで美味いという考え方もできるが、ここの人たちはそう思わないのかもしれない。ビールの値段があまりにも安いので料理酒として使えるということもあるだろう。

それからビールは量が多いので、鍋全体に広く行き渡りやすいとも考えられる。その結果、ビールはあくまで裏方に徹して、ここの地アヒル本来の風味を最大限いかしているのではないか。

ビールアヒル、バカにして済まなかった。万人にお勧めしたい、面白くて美味しい中国の地方料理だ。

豚の生血の和え物

中国南部の広西チワン族自治区の町、三江。そこには「紫血《ズシュエ》」という、不思議な名前の食べ物が存在した。聞けば、「豚の生血の和え物」だという。元の料理名は「豚血《ジュシュエ》」なのだが、これではあまりに外聞が悪いので、似た発音である「紫血」に呼び名を変えたとか。

私と、同行していた大学探検部時代のヤマダ先輩はこれを「血豚《ちぶた》」と勝手に名付けた。町でも血豚が美味しいことで知られるレストランに行くと、「これはちょっと特別な料理だから予約がないと出せない」と言われた。血を市場に買いに行く必要があるという。そこでその場で翌日分を予約した。料理の場面も見学させてもらうことにした。

当日の昼、店を再訪したが、二人してなんだか気が重い。やっぱり豚の生血はあんまり食欲をそそられない。とても美味そうに思えないし、生の豚は病原菌や寄生虫の宝庫として知られる。

でも行かないわけにはいかない。店を訪れるとオーリーシェフの秋《チウ》さんとその家族が材料を用意して待っていた。まず豚ロースの塊を青椒肉絲《チンジャオロースー》の肉くらい細かく刻む。それから中華鍋に油を入れ、強火で炒める。「ああ、肉は生じゃなくて炒めるのか」と少し

真っ赤な血の滴る豚の和え物

ホッとした。秋さん曰く「昔は生肉で食べたけど、今はたいてい火を通すね」。まあ、衛生面を行政から指摘されたのかもしれない。

さらにパクチー、唐辛子、生姜、ドクダミの根を細かく刻み、鍋に投入。一緒に炒める。炒めた肉とハーブ類はボウルにあける。

ここからが凄い。次に冷蔵庫から黒いビニール袋を取り出し、それを金だらいにあけた。黒みがかった紅《くれない》の血。大きな塊が二つ浮いているので、肝臓かと思いきや、血が凝固したものらしい。肉のボウルにたらいの血をザバザバ入れる。その量、なんと一リットルほど。

真っ赤な血の海に肉とハーブ類が沈んでいく。「血をちょっと垂らすぐらいかな」という私の願望も一緒に沈んでいく。

「日本人の九五%はこれ食えんやろうな」とヤマダ先輩。南米からアフリカまで世界中を旅して、私と同じくらい何でも食べてきた先輩も「珍しく抵抗を感じる」という。

「これ、本当にここではみんなが食べるのかな?」と先輩。たしかにこの手の料理——赤マムシとか蛇肉とか——は往々にして酒好きか女好きのオヤジが食べる。そこで、その場に居合わせた秋さんの奥さんに訊いたら、「うん、みんな食べる。私も大好き！」と言いながら、血滴る肉を指でつまんでぽいっと口に入れ、にこっと笑った。

秋さんのお母さんも「これは本来、お正月とか結婚式とか、特別なときに食べるんだよ」と言う。「これを食べながら老酒を飲むんだよ」

なんとハレの日の御馳走だったのか。

秋さんは扇形の洒落た皿にこのゲテモノを盛り付けたが、正直言って、違和感がありすぎて、何かの冗談にしか見えない。

いよいよ味見。箸で肉をつまむと、鮮血がポタポタ滴る。でも思い切って口に入れると、「あれ？」と思った。嫌な匂いや味は一切ない。血自体は無味無臭と言ってもいい。肉は血に包まれてしっとりしており、苦みや渋みをきかせたハーブ類が心地よい。

意外すぎることに、全く癖のない美味しさなのだ。最初はおそるおそるだったが、そのうち箸が止まらなくなった。酒もビールから米の焼酎に切り替えると、抜群の相性。ほろ酔いになれば、これが目出度い料理だということがよくわかった。中華文化圏では「赤＝目出度い」。そしてこれ以上赤い料理は考えつかないからである。

トン族は「ヤギの糞のスープ」を食べる⁉

タイ系民族は東南アジアから中国南部にかけての広い地域に住んでいるが、なぜかどの人もひじょうにグルメである。美味いものに目がないだけでなく、食の幅が広くて、ゲテモノ的な食材にも果敢にチャレンジする。

中国南部、広西チワン族自治区に住むトン族もそうで、彼らが住む三江という町に行くと、前に紹介した「紫血（豚の生血の和え物）」とか、十年以上も漬け込んだ草魚のナレズシなどなど、よそではお目にかかれない特殊料理の宝庫であった。

私がそのような個性的な料理を好んで食べているのを知り、親しくなったタクシー運転手の楊《ヤン》さんが「ヤンビーって食べたことある？」と訊いてきた。

ヤンビー？　私が首を振ると、彼はおもむろにスマホを取り出した。

中国語が通じないとき、昔はもっぱら筆談だったが、今では誰もがすぐにスマホの翻訳アプリを開く。中国の翻訳アプリは自動的に発音までしてくれるのはいいが、スイッチをオフにするまでエンドレスで喋り続ける。例えば、「補品《ブーピン》」と入れると、「サプリメント、サプリメント、サプリメント……」と連呼して、やかましい。

楊さんが手書きで何やらささささっと入力すると、突然アプリが日本語で叫びだした。

ドブ色のスープ、果たして中身は……

「ヤギの糞《くそ》のスープ、ヤギの糞のスープ、ヤギの糞のスープ……」

シュールすぎて頭がおかしくなりそうだ。ヤギの糞のスープって一体何だ？　というか、そのSFに出てくるロボット鳥みたいなアプリを早く止めてほしい。

やっとアプリを閉じた楊さんが言うに、ヤンビーはもともとトン族の料理でトン語では「ベーレイ」と呼ぶ。最近は漢族も真似して食べるようになり、「羊憋《ヤンビー》」と呼ぶようになったが、方言なのでアプリの辞書にも載っていない。楊さんが自分で標準中国語に意訳した語彙を打ち込んだら「ヤギの糞のスープ」と変換されたらしい。

　ヤギといっても羊のことだと思うがそれはさておき、「糞」というのが解せない。いくらゲテモノ好きのタイ系民族とはいえ、羊の大便なんて食べるだろうか。楊さんは「糞じゃなくて、糞になる前のもの」などと一生懸命説明するが、何のことかわからない。凄いゲテモノ系の気配が濃厚に漂っているが……。

　こういうものは自分で実際に食べるにしくはない。幸い、ヤンビーを出す店は市内にいくつもあった。旅に同行していた先輩と一緒に私が訪れたのは、「土狗虫（オケラ）」の炒め物や「蜂子酒（蜂を漬け込んだ酒)」など、特に精力がつくゲテモノ系料理を専門に出している店だった。

ヤンビーを注文すると、店の女将さんが「あんたたち、初めて？　それなら量を減らした方がいいね。食べやすくしとくよ」と言った。その口ぶりから「やっぱりゲテモノか」と覚悟したが、いざ料理が来てみれば、羊のモツ鍋だった。汁の色はドブの水のようで、匂いも多少ウンコくさいような気がしなくもなかったが、匂いの強い葉やハーブでカバーされていて抵抗は感じない。

味も悪くなかった。塩気とこってりした脂分を感じる。すごく苦かったり渋かったりするハーブが臭みを和らげている。全体的に「美味い料理」と言っていいだろう。私がこれまで食べてきた料理の中では沖縄の山羊汁に似ている。

しかし、食べただけでは「糞」の謎は解けなかった。店の女将に訊いてもやはり意味がわからない。これは実際に料理する場面を自分で見るしかない。かくして、知り合いになっていた料理屋の主人（秋さん）に取材させてもらうことにした。

「糞」じゃなくて「××」のスープだった!!

翌日の午後、その店にベーレイの料理を見に行った。いまだに「糞」が何を指すのか不明だったが、店主の秋さんによれば「胃の中のもの」だという。

厨房のポリバケツに入ったそれは、黒っぽい緑色をしていて、本当に草食動物が消化している最中の草という感じ。ということは……ヤギの糞ではなくゲロだったのか！

バケツの中に手をつっこんですくうと、草の繊維がひっかかって浮かび上がる。このどろどろした液体を丁寧に手でぎゅうぎゅう絞りながら、ザルで濾過《ろか》する。秋さんは、青臭い匂いがうっすら薫る濾過された液体をそのまま中華鍋にあけると、強火でガンガン熱した。驚いたことに、この黒緑の液体には一滴も水を加えない。ただ、トン語で「ラオカオ（米の酒）」と呼ばれる焼酎をごく少量入れただけだ。

十分に煮えると、火を止め、液を別の鍋に移したが、このとき何ともいえない異臭が鼻をついた。青臭いだけでない、動物的な何か、あるいは排泄物的な何かが蒸気と一緒に立ち上ってくるのだ。

ここから具材と調味料を投入しはじめる。ニンニク、生姜、シシトウ、赤唐辛子を入れ、次に内臓。細切りにしてあった小腸を先に炒めてから、残りの部位（胃、レバーな

ヤギの胃液汁をバケツであけて調理

ど）を炒め、火が通ると一緒に黒緑液に入れる。

続いて味つけ。塩、味精（中国のうま味調味料）、鶏ガラだし。さらにはすでに細かく刻んでおいたニラ、ネギ、油麦菜（固めの青菜）、パクチーを投入。

一、二回鍋をかき混ぜて、最後に花椒《ホワジャオ》、それにトン語で「マ・ノウ」と呼ばれる乾燥ハーブを投入すると、火を止めた。これで完成らしい。下拵《したごしら》えをしてあったとはいえ、たった十二分の早業だった。

しかし……。これ、本当に食い物なんだろうか。前に食べたものとは見た目も匂いも全然ちがう。今回のものは色がどす黒く、異臭を放っており、料理という感じがしない。羊の胃の内容物に、内臓をぶちこんだだけじゃないか。

呆然としたまま、食卓で味見すると、案の定、強烈。前回はタデとかドクダミに似た葉とか、苦みや渋みの強いハーブを大量に入れていたが、今回はなし。汁自体も抹茶のような細かい粉、つまり草の繊維が浮遊していて濃厚。そして、すごく辛くて苦い。

「ヤンビーは店によって味がかなりちがうんです」と秋さん。おそらく、前の店ではもともと薄味の汁を出していたうえ、私たちに配慮して、マイルドに仕立ててくれたのだろう。

しかもだ。この苦さは普通の料理のものではない。汁を飲むと胃の底からこみあげてくる——と思ったところでわかった。

これは胃液の苦みだ。その証拠に強い苦みの中に酸味が混じっている。二日酔いで吐きまくって最後に胃の中に何もなくなったとき胃液を吐く。そのときの味。

秋さん曰く、「この羊は高い山の上で清らかな草を何種類も食べている。その草には薬効がある。だからこの鍋を食べると、とても体にいいんです」。かつては正月とか目出度いときにしか食べられなかった特別な御馳走だそうだ。

それだけ聞くと爽やかな風が吹き抜けるようだが、目の前にあるのは羊の未消化胃液汁である。理念と現実がこれほど乖離《かいり》している料理も珍しい。

もっとも、酒を飲みながら口に入れていると、けっこう食べてしまうから不思議だ。胃液は二日酔いの友だからだろうか。結局、腹がはちきれるほど食ってしまった。

しかもあんなに食べたのに、一時間もすると、胃がすごくすっきりしてしまった。羊の強力な胃液が消化を助けてくれているのだろうか。

羊のゲロは、胃腸にとてもいいことがよくわかったのだった。

中国最凶の料理、胎盤餃子

「中国人は、二本足ならお父さんとお母さん以外、四本足ならテーブル以外何でも食べる」などと言われる。実際、私は中国で牛のペニスの炒め物やロバ肉の焼肉、アヒルの頭の甘辛煮（しかもこれはテイクアウトOKのファストフードだった）など、変わったものを食べてきたが、どれも中国では普通の料理であり、特に印象に残っていない。

だがさすがに一つ、忘れられない料理がある。

胎盤餃子だ。

九〇年代前半、私は中国に留学しながら、あちこちを旅して回っていた。山東省に行ったとき、親しくなった病院勤務の外科医に「胎盤を食べる」と聞いて驚いた。

人の胎盤は万病の特効薬で、病院で手に入るものは全て薬として使うか食べてしまうというのだ。「瀕死の病人が胎盤抽出液を注射して見事に蘇生したこともある」などと真顔で言う。もちろん、食べても効く。重病人がよくなったり、ガン患者が回復したなどという話も流布しているらしい。

胎盤といえば、人体の一部である。妊娠した女性の子宮の中にできる器官で、分娩のとき赤子と一緒に出てくる。後で調べたら、漢方では乾燥させた胎盤を「紫河車《しかしゃ》」と呼んで疲労回復などに使用するそうだし、現在では豚の胎盤の抽出液を含んだ美容液が「プラセンタ（英語で胎盤のこと）」と呼ばれ、日本でも女性の間では人気だというが、当時はもちろんそんなことは知らないし、だいたい人間の胎盤をそのまま食べるというのは衝撃的だ。

留学先の大連に帰って中国人の友だちや先生方に訊くと、なんと胎盤はこちらでもひそかに大人気とのことだった。しかもどうやって食べるのかと訊けば、「水餃子にする」という。

何という中国らしさ！　もっともどこにも売っていない。私はどうしてもそれが食べたくなり、彼らに頼んでみたのだが、「無理だ」と一様に首を振る。

「今は犬や猫の胎盤だって手に入らないのに、人の胎盤なんか病院に特別なコネがないと入手できない」

動物の胎盤までひっぱりだことは恐れ入る。

当時はまだ経済発展が始まる直前で、中国人の平均月収は日本円で数千円程度。そして、全ての物事を解決するのはカネではなくコネだった。そして、中国の人は友誼の厚さでは世界屈指だった。胎盤食を熱望する日本の「朋友」のために奔走してくれ、私が帰国す

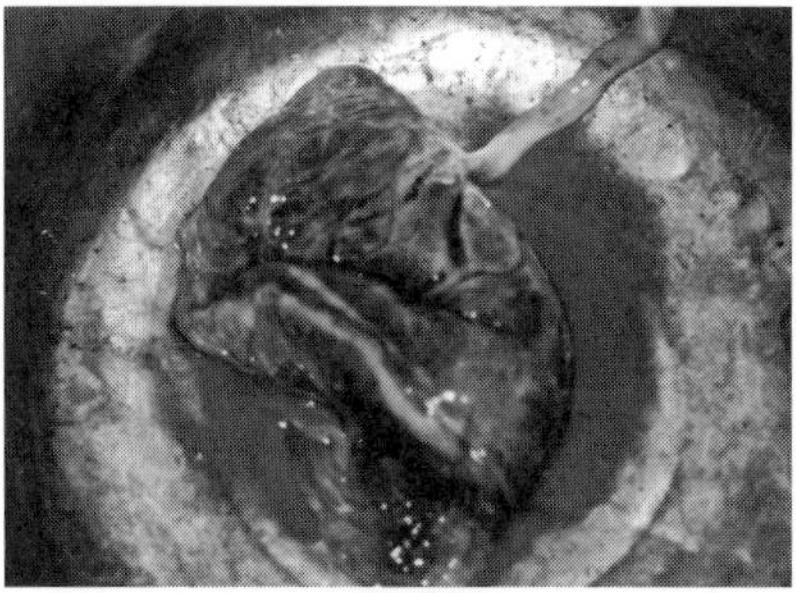

産みたてほやほやの人の胎盤

る直前、ある人がついにゲットしてくれた。

今でも忘れられない光景だが、雪がしんしんと降る晩に突然、彼が私の暮らす寮のドアを拳でドンドン叩き、中に駆け込んできた。頭にはうっすらと雪をのせ、手には血まみれのビニール袋をぶらさげている。ハアハア喘《あえ》いでいて、たった今、人を殺してきたような風体だった。

なんでも、「親戚に死にそうな年寄りがいるのでどうしても一つほしい」と知り合いを通じて、ある病院の院長に頼み込んだのだという。ちょうどお産があったので、急いで呼ばれて病院へ取りに行ってきたのだそうだ。

感謝感激する私に、彼は強く釘をさした。「いいか、これは人には言わないでくれよ。日本人に中国人の肉を売ったなんて知られたら大変なことになるかもしれないから」

うーんと唸った。中国人も決して胎盤を他の珍味と同列に考えているわけではない。ある種の「人の肉」として認識しているのか。

「気持ち悪いから早くこれを受け取ってくれ」と彼は袋を放ってよこした。

胎盤は、ついさっき、誰かのお腹から出てきたばかりらしく、新鮮な刺身のような匂いがした。

これを餃子にして食うのか。中国でしかありえない展開だ。

中国人も絶句して拒否した胎盤餃子

大連を去る前日、親しい友人を六名ほど寮に呼んで「胎盤餃子パーティ」を開くことにした。事実上の「お別れ会」でもある。

中国では餃子は縁起のよい料理とされ、誰かが旅立つときによく振る舞われる。つまり、お別れ会で餃子は定番なのだが、さすがに胎盤は尋常でない。「中国で胎盤が人気」といっても、あくまで一部の人の間でであって、それも主に重病の人や高齢者が「薬」として必要とするものだ。

私の友人たちにとっても胎盤はまったく未知の不気味な存在だった。みんな、おそるおそるという感じでやってきた。

まず、料理上手な友だちが炒め物や揚げ物など、ふつうの料理を何皿も手際よくこしらえた。中国の人は男女とも料理が上手い。

つづいて、胎盤餃子の準備にとりかかる。小麦粉を伸ばして餃子の皮を作り、他の人はニラやニンニクを切って餃子の具を準備する。それから、いよいよ胎盤の調理だ。

解凍したものを水洗いすると、表面のどす黒い血が流れ落ちて、縦横に走る青や赤の血管が鮮やかに浮き出て、まだ生き生きと脈打っている内臓に見えた。しかし感心して

茹であげた胎盤は腐りかけのカリフラワー似

見ていたのはここまで。

　これを丸ごと、鍋で茹でるとすさまじい悪臭を発し、見てくれも腐りかけのカリフラワーみたいに様変わりした。いや、もっと正確にいえば、大きさも形も人の脳そっくり。だらりと垂れ下がった白いゴム質っぽいヘソの緒は脳髄にみえる。それがシューシューと湯気を吹き上げている様はグロテスクの一語に尽きた。

「うわあ……」

　パーティの参加者は全員、絶句し、食欲を失った。だが、今さらやめるわけにもいかない。

　餃子の担当の人は半分泣き笑いのような表情で脳を二つに割ると、片方はスライスにし、もう片方は餃子用にみじん切りにした。私たちも手伝って、他の具と一緒に皮に包んで茹でた。

　宴会の準備は整った。でもみんな、皿を凝視するだけで、誰も手を出そうとしない。しかたないので、私が箸で胎盤餃子をつまんだ。

　友人たちはここぞとばかりに、「ほら、高野が人の肉を食べるぞ、人の肉を食べるぞ！」と一斉にはやし立てた。こちらも負けずに、「これはただの豚肉だ、ただの豚肉だ……」とニセ情報を自分自身に言い聞かせながら、餃子を醬油と酢のたれにつけ、パッと口に放り込んだ。

咀嚼すると独特の臭みが口の中に広がり、一瞬、オエーッとえずきそうになったが、踏みとどまった。よくよく味わえば、その臭みは初めてのものではない。というより、なじみ深いものだった。「これ、レバーじゃん！」

あらためて胎盤スライスも食べて確認。やっぱり、そうだ。歯ごたえ、舌触り、そして味も完全にレバーである。先ほどの悪臭にしても、突然臭うから驚いただけで、冷静に考えればレバーの臭みだった。

そういうことか、と私は悟った。胎盤とは胎児の肝臓なのだ。胎児が育つには莫大な栄養が要る。母親の肝臓と胎児の未発達な肝臓ではとてもその栄養分をまかないきれない。そこで胎盤という、特別あつらえの肝臓が用意されてるんじゃないか——。

ということが自分の舌から推測され興奮した私は友人たちにそう熱く語ったのだが、誰も心動かされなかったようで、結局誰ひとり胎盤料理に箸をつけずじまいだった。中国人が全く手を出さない料理があるとは。

一人では食べきれないので、残りは日本に持ち帰ったが、残念ながら今度は本当に腐ってしまった。おかげでいまだに誰ともこの感動を分かち合えていない。

（文庫註：この箇所を読んだ知人の生物学者によれば「胎盤とレバーは組織が全然ちがう」とのことである。誰も心を動かされなかったのも無理はない。でも匂いも味もそっくりだっ

たんだけど。機会があればもう一度味わって確かめてみたい）

VI
✦
中東・ヨーロッパ
臭すぎてごめんなさい

イラクの不思議な国民的料理「鯉の円盤焼き」

イラクと言えば、アルカイダとかISとかテロ、戦闘のニュースばかりが流れてくるが、実際に行ってみたら意外なことにグルメ大国だった。バリエーションの多さ、味つけのよさ、見た目の美しさ、どれをとってもこれまで私が訪れた国ではトップクラスに思える。

さらに驚きなのは、イラクを代表する〝国民的料理〟が鯉料理であること。現地では「サマッチ・マスグーフ（略して『マスグーフ』）」と呼ばれる。

鯉はこの土地では大昔からいる。なにしろ今からざっと五千年前のメソポタミア（シュメール）文明の時代、チグリス＝ユーフラテス川が晩秋になると氾濫し、それが「鯉の洪水」と呼ばれていたと粘土板に楔形《くさびがた》文字で記されているという。

フセイン政権時代は養殖池作りの規制が厳しく、鯉は川でとれた天然物がほとんどだったため、マスグーフも高級料理だったが、米軍侵攻後、鯉の養殖が一般化した。今ではちょっと友だちと集まれば、「マスグーフでも食おうか」ということになっている。イラク人は口を揃えて、「フセイン政権が崩壊した後、国はメチャクチャになった」と嘆くが、ことマスグーフに関しては食べやすくなっているのだ。特にバグダッドの人たちはテロや戦闘が多発する状況下でも鯉を食べ続けてきた。

このマスグーフはなかなか独特な料理である。作り方自体は簡単。体長三十〜四十センチの鯉から内臓を出し、背開きにすると、ちょうど円盤状になる。これに塩をすり込んで、あとは薪や炭の火で焼く。基本的には強火の遠火だ。マスグーフを出す店に行くと、焚き火の周りを円盤が取り囲むように配置され、じゅうじゅうと音を立てて焼かれている。「鯉の円盤焼き」と呼んでもいい。

背開きにした鯉を強火で焼く

「でも」と多くの人が疑問に思うはずだ。「鯉って臭みがあるんじゃないの？」

そうなのである。日本ではこんな食べ方は絶対にしない。鯉は世界各地に棲んでいるはずだが、こんな食べ方は私も他に見たことがない。何か臭み消しの独特の対策があるのでは？ と思って、作り方を何度も見たが、いつも塩をすり込むだけであった。

三十分ぐらいで焼き上げると、完成。これがめったやたらに美味い。表面は焦げて黒っぽくなっているが、カリッとして香ばしい。焦げていない部分は滴るほど脂がのっている。最初、「焼くときにオリーブオイルでも表面に塗っているのか？」と思ったほど。

イラクの人たちが私に「ここがいちばん美味いよ」といつも勧めてくれるのは頭の下の部分。つまり「トロ」。彼らもトロ好きなのだ。

付け合わせもいける。お好みで、レモンを搾ったり、焼きトマトやマンゴーのピクルス、パクチーなどと一緒に薄焼きパンに挟んで食べたりする。こんなに豪勢で誰もが楽しめる宴会料理はそうそうない。そして、不思議なことに、鯉の臭みは一切ない。

チグリス＝ユーフラテス川が合流する湿地帯（この辺りがメソポタミア文明のまさに発祥の地だ）に行くと、マスグーフはさらに不思議度を増す。バグダッドでは当然のように魚の血をきれいに洗い落とすが、元祖・鯉エリアでは、血まみれの魚をそのまま円盤状にして、しかも強火の近火でガンガン焼くのだ。見るからに原始的で、「こりゃ、血なまぐさくてまずそうだ」とゲンナリしたが、食べてみると、生臭さも臭みもゼロ。同じように美味いから首をひねってしまう。

鯉の種類がちがうのか、焼き方に何かコツがあるのか。文明発祥の地で鯉の謎に悩んだのだった。

メソポタミアの古代粘土板焼きせんべい

人類最初の文明は今から五千年ほど前、現在のイラク南部、チグリス゠ユーフラテス川の合流点近くの湿地帯周辺で生まれた。いわゆるメソポタミア（シュメール）文明である。

ここで文明が生まれた理由として、大河の洪水がもたらす肥沃な土地と灌漑《かんがい》農業の発明が主に挙げられるが、私は、ひそかに「粘土」と「葦《あし》」に注目している。

粘土はいわゆる「シュメールの粘土板」の材料である。湿地帯からいくらでも取ってくることができる。パピルスや羊の皮よりはるかにお手軽だ。

いっぽう、葦。現在、イラクでは「カサブ」と呼ばれているが、葭簀《よしず》を作る葦みたいに軟弱なものだけではない。中には人の頭を叩いて殺せるほど固くて太い、青竹のようなものもある。

古代シュメール人はこのカサブを適当な大きさに割り、それを粘土板に押しつけることで楔形文字を記した。インクもいらず、ひじょうに簡便だ。

もっとも、カサブが文明においてもっと重要だったのは燃料になったことだろう。人間が集まって住むにはどうしても大量の燃料が必要になる。古代においては当然、薪か

米粉溶液を塗った粘土板を立て、直火で炙る

炭だ。メソポタミアの場合は、カサブがそれこそ湿地帯に無尽蔵に生えていた。森の木は切っていくとすぐなくなってしまうが、カサブは切っても切ってもどんどん生える。現在、この辺では石油が豊富に産出するが、大昔から大燃料地帯だったのだ。だからこそ、三千年以上にもわたって栄えたのだろう。

さて、今でもこの湿地帯では粘土とカサブを利用した「ターバック」という面白い食べ物がある。米粉を水に溶き、塩を混ぜたものを薄焼きにする。

初めて見たときは、「これ、せんべいじゃん！」と驚いた。稲作がこの地に伝わったのは八世紀頃のようだが、この調理法自体はシュメール時代から存在してもおかしくない。米が伝わる前は麦を焼いていたのかもしれない。そして、八世紀に米のせんべいを作り始めていたとしたら、それはやはり世界最古のせんべいかもしれない。

作り方も面白い。まず、竈《かまど》に火をつける。竈といってもバーベキューに使うような細長い台で、そこに長さ三メートルものカサブを突っ込んで火をつける。湿地帯では今でも煮炊きの燃料にカサブを使っている。竈に直径五十センチ、厚さ三センチほどの粘土板（これをそもそもターバックと呼ぶ）を置き、熱する。粘土板は筆記用具だけでなく、料理用具でもあったのだ。

粘土板が赤くなるほど熱くなったら、地面におろし、米粉と水と塩を混ぜたものを表面に薄く塗る。米粉溶液は熱されてプスプスと泡立つ。さらに粘土板を立てて、直接カサブの火で固まってきた米粉溶液を炙る。表面が焼けてこんがりキツネ色になったら出来上がり。直径五十センチ、厚さ五ミリの、まるでピザのような巨大せんべいだ。

といっても、味見してみると、せんべいのように固くなく、内側はふっくらした部分が残っているので、焼き団子のようでもある。どっちにしても日本人には妙に懐かしい味だ。

あとで調べると、今、日本で一般に食されるせんべいも「江戸時代に団子を平たく焼くようになったのが始まり」とされているようなので、初期はこんな味だったのかもしれない。

前回紹介した鯉の円盤焼きと一緒にこのせんべいをいただく。魚にせんべい（もしくは焼き団子）だからきっと合うだろうと思いきや、何か物足りない。しばらく考えてみたが、食べ終わってから気づいた。

「醬油がほしい！」

文明発祥の地には古代から何でも揃っているが、醬油は存在しないのだった。それだけが残念だ。

イラン版スッポンは「進化の味」

野生動物の中でワニほど〝優秀な食品〟はない。

まず捕獲が面白い。アマゾンでは漁師のワニ狩りに同行した。夜中にボートを出し、葦が生えている岸辺を懐中電灯で照らすと、たくさんの目が反射して光る。どれもワニだ。二つの光の間隔で個体のサイズがわかる。なるべく大きめのを狙い、スーッと突っ込んでいき、銛《もり》でズバッと突く。

ワニは銛が刺さったままものすごい勢いで暴れて逃げるが、クジラ漁と同様、銛にはロープが付いており漁師は少しずつたぐりよせる。弱ってきたワニを陸地にずるずると引き上げると「ウッ、ウッ」と唸り声を上げながら近づく。ワニが恐れるジャガーの声のまねだという。

こちらがハラハラして見守る前で、漁師はワニの後ろから近づき、いきなり頭をバコッと足で踏みつけた。間髪入れずに首をナイフで掻き切る。流れるように見事な手際だった。

ワニは便利でもある。アフリカのコンゴでは川旅の途中で「ワニ市場」に遭遇した。生きたまま口と足を縛られたワニが十数匹も川岸にゴロゴロ転がっているのだ。私も一匹買い込み、そのまま丸木舟に放り込んで旅を続けた。ワニは一週間くらいエサも水もやらずにいても元気で生きているから、好きなときに捌けばいい。いつでも新鮮な肉が食べられる。

そして肝心のお味はというと、これが最高に美味い。固い皮で覆われているせいか、野生動物の肉と思えないほど柔らかい。口に入れたときは白身魚のようで、でも噛んでいるとだんだん歯ごたえが出てきて飲み込むときには鶏肉そっくりの味になる。

なるほど、魚類が進化して両生類そして爬虫類になり、さらにそれが進化して鳥類になったわけだ。味覚で進化の道筋をたどれてしまう。

便利で美味しくて面白い。ワニほど〝優秀な食品〟はないという所以《ゆえん》だ。

闇取引で入手したチョウザメの切り身
Photo/Kiyoshi Mori

ワニで思い出すのはチョウザメだ。

チョウザメは美食として知られるキャビアの親である。親魚も卵に勝るとも劣らないほど美味いと聞いていたので、イランのカスピ海沿岸部に行ったとき、探したのだが、「ウズンブルン（ペルシア語でチョウザメのこと)、この辺にないですか?」と訊くと、なぜかみんなが大笑いする。中には爆笑のあまり、私に抱きついて涙を流す人までいた。

一体、何がそんなにおかしいのか?

謎を解決してくれたのは両替屋のオヤジだった。笑いながら、手を股間に当てて腰を振る、下品な仕草をしてみせたのだ。

なるほど……。どうやら、食べると精力がつく、しいて言えばスッポンのような存在らしい。たしかに見慣れない外国人が道端でいきなり「この辺にスッポンないですか?」と訊いてきたら、みんな笑うだろう。

そして、イラン版のスッポンは日本のものより入手が困難。さんざん訊いて回った挙げ句、見つけたのは闇取引の魚屋だった。五百グラムで五千円近くもした。禁漁期だったのかもしれない。

大枚はたいてゲットしたチョウザメ肉は市場近くの食堂で頼み、炭火焼きにしてもらった。

苦労の甲斐もあってか、これが劇的に美味い。脂がよくのっており、白身魚と鶏肉の中間のような、ちょっと魚離れしたような味。なんとも不思議なことに、ワニ肉を彷彿させる。

よく考えると、チョウザメは恐竜の時代から生きていた、世界的に稀な古代魚。もちろんワニもその時代から存在する。進化論的に、古代魚は爬虫類にひじょうに近い場所に位置しているのかもしれない……。

〝イラン版スッポン〟もまた「進化の味」がするのだ。

犬が喜ぶ世界一臭いパーティ

「世界でいちばん臭い食品」として名高いスウェーデンのニシンの発酵食品、シュールストレミング。現地在住の友人が一時帰国の際にお土産でくれたのだが、「あまりに臭いので屋内では食べられない」と聞いた。かといって、車も持っていない私には屋外のどこで食べればいいかわからず、そのままベランダに放置、一年以上たった最近気づくと、平べったかった缶詰はなんとパンパンに膨らんでいた。「要冷蔵」なのに常温で放置していたため、内部で発酵が進んでしまったらしい。

「危ない、もうすぐ爆発する！」

慌てて試食会を催すことにした。場所は荒川沿いに住む友人のマンションのバーベキュー場。参加者は私、飼い犬のマド、その他友だち五名。

シュールストレミングは缶詰を開けるとき汁がドバッと飛散する。一滴でも衣服につくといくら洗っても臭いが落ちないというので、使い捨ての雨具上下とマスクを着用。さらに料理用のボウルに水を張り、その中で缶詰を開けた。

緊張しながら缶切りを刺すと、プシューッという音とともに不気味な灰色の液体が缶からほとばしり出た。

臭い魚缶、これからオープン！

匂いは案の定、強烈。友人たちは五メートル以上も離れて見ているにもかかわらず、「うっ、くさ！」「ひゃあ！」などと悲鳴をあげている。

「くさい！」と私も叫びつつ、でも冷静になると思った。「ん？　わりと平気だ」

強いて言えばくさやと温泉卵が合体してさらに臭くなったものだろうか。むしろ食欲をそそられる。期待を胸に、そのまま少しずつ缶を切り、最後に蓋をパカッと開けた。

そして仰天した。「何もない！」

中は空っぽだった。なんと、発酵が進みすぎて、魚が全て溶けてしまったらしい。浦島太郎になったような気分だ。

缶にわずか残った汁をすすると、塩辛い。ドブの水のようだが、うっすらとうま味の残り香が感じられる。マドが近寄ってきたので、指につけて差し出すと、ペロペロと美味そうになめた。少なくともうちの犬は食べ物と認識したようだ。

もっともガッカリしていたのは私と犬（たぶん）だけで、他の人たちはむしろ食べずに済んでホッとした表情である。

匂いの感想を聞いてみた。ナガシマさんは「もし自宅ならまず家族を外に逃がしますね」。ガス漏れのようだったという。イオ君は「脳味噌にガツンとくる匂い。オエッときそう」。ノザキさんは「思ったほどじゃない」と言いつつ、「怖くて（汁を）味見できない」。

一歳児の母であるアリオさんは「子供のオムツが二、三日たまったときの匂いを思い出した。うんちが発酵した感じ」。

最も面白い感想はカサイさんという山梨県出身の女性。「昔、実家にいた頃、父がときどき冬にクサヤとニンニクをストーブで焼いて食べていたんです。その次の朝、父が出たあとのトイレに入ると猛烈に臭くて、それを思い出しました。ちょっと懐かしい」

ああ、と思った。そうなのだ。発酵の匂いにはいつもどこか郷愁をそそるものがある。しかも臭ければ臭いほどに。

一年も缶詰を放置しておいたのもそうだが、この日、完全防備で挑んだはずが肝心の手袋をし忘れていたのも失敗だった。何度石けんで洗っても指についた腐臭はとれない。帰り道、ときどきその匂いを嗅ぎながら、私も何かを懐かしんでいた。子供の頃によく遊んだドブ川や、肥だめの匂い、あるいは隣家の糠漬けの匂いだろうか。

浦島太郎に残されたのは甘く切ない香りなのであった。

室町人も食べた？　世界で一番臭い魚

「世界一臭い食べ物」こと、シュールストレミング。塩漬けのニシンを発酵させたこの缶詰を食べるパーティを行ったのだが、一年の常温放置がたたり、発酵が進みすぎて中身が完全に溶けて空っぽになっていた——というのが前回の話。

悔しいので、ネット通販で新たに缶詰を入手し、リベンジ大会。場所は前回同様、荒川沿いのバーベキュー場。二回目なので手際よく缶詰を開けると、魚がちゃんと詰まっていたが、今度は別の意味で驚いた。

「あれ、臭くない……」

前回は「排泄物の匂い」とか「人間の本能に訴える危険な匂い」と顔を歪めていた友人たちが「今日のは臭いけど食べ物の匂いって感じがする」と口を揃える。前回の缶詰はどうやらスウェーデン人も経験しないほどの過剰発酵で、悪臭もマックスだった可能性が高い。

といっても、今回の缶詰もタダモノじゃない。瞬時にどこからともなく、巨大な黒いハエの群れがブンブン押し寄せてきたのだ。東京でこんなハエを見たことがない。川原から来たのだろうか。しかもハエは、友人たちが用意した焼肉など他のパーティ料理に

発酵ニシンは意外に生々しい

は一切近寄らない。発酵魚のみ。やはり腐臭がするのか。

ハエの群れを追い払いながら、試食。魚はまるで生のようで、ふつうのテーブルナイフではぬめぬめして切りにくい。赤々とした肉はとてもしょっぱい。一言でいえば「臭いアンチョビ」。正直、これなら素直にアンチョビを食べた方がいいと思ってしまった。

正肉よりタラコのような風味の卵巣やとろとろのクリームみたいな精巣の方が美味い。味つけしてないマッシュポテトに混ぜるとちょうどいい。

他の参加者の感想はどうか。「塩辛みたい」というコメントがいちばんマシで、あとは「生の川魚にかみついたみたい」「飲み込むと喉にウッとくる」とか「もう二度と食べたくない」など、総じて評価が低い。

発酵で臭いのはわかるが、生臭いのが気になるのだ。しかし私たちは先祖代々、魚を食ってきた民族。このしょっぱくて中途半端に生っぽい魚を放っておけず、さまざまに工夫を凝らした。

例えば、友人の作ってくれた「アボカドの卵黄がけ」や「中華風おかゆ」といった料理に少量混ぜるとアクセントがついて美味しくなった（気がした）。これはアンチョビや魚醬の使い方に似ている。

もう一つの工夫は「加熱」。身から丁寧にはずした骨を網焼きにすると実に香ばしく、こちらは珍しく全員一致で「美味しい！」。魚の身はまだたくさん残っているのに、骨はあっと言う間に皿から消えた。私の友人たちはみな正直者である。

友人の一人である清水克行・明治大学教授（日本中世史専攻）がこれらの品をぱくつきながら「なんだか室町時代の『間物《あいもの》』を思い出しますね」と言う。

間物とは「鮮魚と調理した魚の中間」的な意味で、塩魚や干し魚も含まれる。「あいもの」は他に漢字で「合物」「相物」さらには「四十物」とも書き、つまりそれだけ多種多彩な魚の中間加工品が存在したということだ。例えば、内陸の京都には新鮮な魚は届かず、海魚はもっぱら間物だったという。

なるほど。もし室町時代ならシュールストレミングも間物の一種に数えられただろう。「生っぽい発酵」とは、生魚にできるだけ近い状態で食べたいという気持ちの表れかもしれない。間物なら火で炙ってもいいし、生魚のジューシーな食味も楽しめる。現代人の私たち以上にご先祖様は工夫を凝らしたにちがいない。

もしかしたら、室町時代の京都人は浅く発酵させたシュールストレミング似の魚を食べていたのかも……などと思うと、この臭い魚にも何か奥深さを感じてしまうのだった。

コソボ・アルバニア人の異常なソウルフード

数年前、アヴニという旧ユーゴスラビア・コソボ共和国出身のアルバニア人と友だち付き合いをしていたことがある。彼は二十年以上前、ユーゴ内戦の最中に日本へたどり着いた。内戦中の出来事のために（詳細は不明だが）、今でも旧ユーゴに帰ると殺されると固く信じている。だから頑なに故郷へ帰ることを拒み、旧ユーゴ人とも一切関係をもたないようにしていた。

そんな彼がよく熱をこめて話したのは「フリア」なるコソボのアルバニア人の料理だった。屋外で特殊な方法で作るため、外国では絶対に食べられない。欧米のアルバニア（コソボ）・レストランにもないという。

「あんなに美味しいものはないよ。コソボのソウルフードだ。でも僕は二度と食べられないだろうね」

彼が淋しそうに話すものだから、「じゃあ、僕がコソボに行って、持ち帰ってくるよ」と私は言った。アヴニは「いや、無理だよ」と否定的だったが、面白そうなので私は本当にコソボへ行ってしまった。

幸い、アヴニが唯一、ネット上でコンタクトをもっている幼なじみがコソボの田舎の村におり、その人を訪ねた。

　コソボは長らくオスマン帝国の支配下にあったので、食文化もかなりトルコ料理に近い。そして同じくらい美味しい。ケバブや、葡萄の葉で米を包んだもの、パプリカに牛乳の膜をかけてオーブン焼きにした料理など、何を食べても素晴らしい。

　ふだんの料理がこれだけレベルが高いのなら、ソウルフードたるフリアはどれだけ凄い料理なのかといやがうえにも期待が高まった。

生地を放射状に塗る作業が延々と続く
Photo/Kiyoshi Mori

　私がコソボを離れる前の日、いよいよフリア・パーティが開催された。家の中庭に、親戚や友だちなど、二十名近くが集まった。フリアを作るのは女性たちである。

　ネット上の画像や説明を見聞きする限り、フリア自体は決して珍しい食べ物とは思えない。水で溶いた小麦粉を薄くのばし、バターと生クリームを挟んで重ねて焼くだけである。いわば「甘くないミルフィーユ的クレープ」なのだが、奇妙奇天烈《きてれつ》なのはその調理法。

　直径五十センチほどの、大きな平べったい、蓋付きの鍋を使う。その鍋の底に小麦粉と塩を溶いた水をものすごく薄く塗りつける。その薄さも異様だが、もっと珍妙なのは中心から放射状に縞模様を描くように塗ること。まるで菊の御紋のようだ。なぜ、ピザやお好み焼きのように鍋の底にまんべんなく塗らないのだろうか。別に儀礼的な意味があるわけでもないらしい。

　加熱方法も超独特。炭で火を熾《おこ》しているので、その上に鍋をのせるのかと思いきや、ちがう。焚き火のところに蓋をもっていき、蓋の上に炭や灰を載せる。そして、その蓋を鍋にかぶせて蒸し焼きにするのである。

　おそらく、あまりに小麦粉を薄く塗るため、ふつうに火にかけると瞬時に焦げてしまうのだろう。しかし鍋でなく蓋を熱するとは意表を突いている。五分ほど経ってから蓋をとる。すると、小麦粉の生地にかろうじて火が通っている。次に、さきほど縞に塗らなかった部分に小麦粉を塗る。そして同じことを繰り返す。これでやっと一面が焼けたことになる。第１Ｒ《ラウンド》終了。

　第２Ｒ以降は生クリームとバターと油を混ぜたものを塗ってから第１Ｒと同じ作業を行う。

　この作業を延々と繰り返すのである。その間、男たちは庭の隅のテーブルでお喋りをしながらひたすらビールを飲んでいる。食べ物は何もない。女性は同じくお喋りをしながらひたすら蓋を熱したり、鍋に小麦粉で縞模様を描いたりしている。あまりにも待ち時間が長いし、空腹で気が遠くなってくる。

　なんと、フリアが完成したのは約三時間後だった。

時短料理ならぬ「時長」料理

異常なコソボのソウルフード、ミルフィーユ的クレープの「フリア」の続き。

待つことなんと三時間、ようやく料理が完成した。たぶん20Rくらい塗っては焼いてを繰り返していると思う。

女性陣が台所で切りわけ、男たちのテーブルに皿を運んでくると、男たちは「待ってました」とばかりに、がっつく。

私も食べた。感想は……たしかに美味い。バターも生クリームもこの家で飼っている牛から取ったものだからすごく新鮮だ。だが、これまでに食べたケバブやパプリカの牛乳膜焼きなどの方がよっぽど豪華だったし、三時間待って、食事がこれだけとは一体どういうことなんだろう。

日本的に言えば、鍋をやると言ってみんなが集まり、でも「締め」のうどんしか食べないようなものだ。そのうどんはコシがあるしダシもきいていてたしかにうまいが、でも三時間待ってうどんだけって何だよ？　という感じなのである。

みんな極度の空腹にあったから皿は一瞬にして空になった。すると、みんなは「あー、終わった終わった」という風に立ち上がった。これでお開きらしい。キツネに化かされ

20R の末、焼き上がったフリア
Photo/Kiyoshi Mori

たかのようだ。

　さて、問題はこの後。日本に持ち帰るのは可能なのか。なにしろ火は通っているものの、スパイスもハーブも砂糖も使っていない。鮮度が命のような食品だ。アヴニも「持ち帰るのは無理」と言っていた。

　だが、アヴニの幼なじみのお姉さんはてきぱきとフリアをラップに小分けにし、新聞紙にくるむと大きなタッパーに入れた。あまりに手慣れた様子なので、もしかしてと思って聞いてみたら、「そう。コソボのアルバニア人は外国に行くときとか、外国から誰かが来たときには必ずフリアを作って持たせるのよ」という。やっぱり、そうか。

　アルバニア人はユーゴ内戦のために世界中に離散してしまっている。何らかの事情で故郷へ帰れないアヴニみたいな人も、彼らのためにフリアをお持ち帰りする私みたいな人も普通にいるわけだ。外国ではまず食べられないから、そうするしかない。

「常温でも二日ぐらいはもつから、飛行機で日本までなら全然大丈夫」とのこと。

　予定通り、私は二日後に帰国し、フリアは冷蔵庫にしまった。そして、さらに四日後の土曜日に、アヴニと私の友だち数名を自宅に招いてパーティを行った。さすがに、うちでフリアだけ出すわけにはいかないので、ちゃんとサラダやら肉料理やらを用意した。

現地で私が撮影したビデオ映像でフリア作りを見せ、アヴニらに疑似体験をしてもらってから試食。

一週間ほど経って食べてもフリアの味はさして落ちていなかった。それに今回は前菜を十分食べているので、もっと冷静に味わえた。ナノテクレベルに薄いクレープ生地を丹念に重ね焼きしているし、牛乳もバターも自家製だ。新鮮な乳の風味が口の中に広がり、たしかに「締め」としては絶品である。

アヴニは「うん、これだ。二十何年ぶりかな。なつかしい」と言うと、あとは黙々と食べていた。うっすらと涙ぐんでいた。

今にして思えば、フリアというのは、あの長い「待ち時間」が胆なのかもしれない。待つ間に家族や友だちとお喋りを楽しむことがフリアのソウルフードたる所以ではないか。

そう思えば、異様な薄さも、わざわざ縞模様に塗るのもわかる。〝時間稼ぎ〟なのだ。だとすれば、日本でフリアだけ食べても意味があったのかどうか。もっとも、アヴニは日本で二十年以上も「待った」のだし、ここに仲間みたいな人たちが集まり、一緒に時を過ごせたのだ。

やっぱり私がわざわざコソボまで行った甲斐があったと思いたいのである。

美形民族がこだわるトルコ極小餃子

挽肉と細かく刻んだ野菜を手のひら大の小麦粉の皮に包んで加熱した料理――つまり、餃子、シュウマイ、小籠包、肉饅頭の類いは食事によし、おやつによし、酒のつまみによし、と三拍子そろった素晴らしい食品だ。

これら餃子系食品の起源は定かでないが、実は東アジアだけでなく、シルクロード沿いに広くユーラシア大陸の西方へも伝わっている。

チベットやネパールでは「モモ」と呼ばれる。ネパールではインドの影響でカレーをたれにして食べたりする。ロシア料理の「ペリメニ」も水餃子みたいな料理だ。

アフガニスタンではヨーグルトをかけたペリメニのような料理を食べたことがある。「マントゥ」と呼ばれていた。中国語のマントウ（漢字では饅頭）に由来する名称だろう。ヨーグルトというのがいかにも牧畜文化である。

そして、つい最近、トルコにもマントゥが存在すると、中東料理研究家のサラーム海《うな》上《がみ》さんに教えてもらった。作るのはチェルケス人という、もともと黒海とカスピ海にはさまれたコーカサスから来た民族だそうだ。色白で美男美女揃い、トルコではモデルや芸能人として活躍している人が多いとのこと。しかし、この美形民族が作るマントゥ

――正式名称「カイセリマントゥ」――は実に珍妙。むちゃくちゃサイズが小さいのだ。

「最高でスプーンに三十個ものったマントゥを食べたことがあります」とサラームさん。聞き間違いかと思う。だって、ふつう、餃子や小籠包はスプーンに一個のせるのがやっとだ。でも三十個は極端にしても、スプーンに七、八個はふつうだという。

なぜ、そんなに小さくするのか。一つには「小さくする＝手間をかけていてエライ」という評価基準があるらしい。「うちの田舎のおばあちゃんが作るマントゥはスプーンに四十個ものったんだぜ」と自慢したりするという。

人類にはアホの遺伝子（!?）が埋め込まれており、一つの価値観が定着すると、その社会集団の中ではどんどん過剰な方向に行くことがある。料理で言えば、辛ければ辛いほどいいとか、臭ければ臭いほどいいとか。

とにかく小さく包むマントゥ

でも、「小さければ小さいほどいい料理」なんて聞いたことがなく、珍妙過ぎるので、サラームさんのお宅で実際に作り方を教えてもらうことにした。

まずは皮作り。これは基本的に餃子と同じ。作業時間短縮のため、ホームベーカリーに小麦粉、卵、塩、ぬるま湯を入れたら、勝手に作ってくれた。

小麦粉生地の固まりがこねあがると、麵棒で薄くのばし、それを小さく切る。

このとき、サラームさんが取り出したのは「マントゥ・マティック」なるケッタイな道具。サランラップの筒みたいな棒に丸い刃が十枚、等間隔でついている。これを転がすと、同じ幅に小麦粉生地が切れる、つまりピザ・カッターの集合体みたいな道具なのだ。極小マントゥを作るためだけに開発されたという、世界屈指の〝ヘンな調理器具〟だ。ちなみに、呼び名は「マントゥ」と「オートマティック」をかけている。

これを生地の上で転がすと、一辺が二・五センチの正方形が切り取れた。バンドエイドのガーゼ部分よりやや大きい程度か。笑ってしまうほど小さい。

次に具作り。牛挽肉、タマネギとパセリのみじん切り、塩、コショウ、パプリカパウダー、プル・ビベル（少し発酵させた唐辛子粉）を混ぜて、こねる。

具の量はだいたいハンバーグのタネ一つ分ぐらい。四人分なのに、これだけでいいの？　と思ったが、いざ包み始めると、感想は劇的に変わった。

耳かき作業で作るシルクロード食

次に、二・五センチ四方の皮に具を包む。正直「ありえねー！」と思った。包める具は冗談でなく「耳かき一杯分」なのだ。実際には一本の箸でタネをつついて具を少しとる。ちょうどいい量をとるのがとても難しい。多すぎたり少なすぎたり。本当に耳かきを用意すべきだったと嘆息した。

サラームさんは「タマネギのみじん切りが粗すぎた」と悔やんでいた。たしかに五ミリのみじんは、下手するとそれだけで具一つ分になってしまう。

この微量の具を極小皮にのせ、四つの端を寄せるように包む。千代紙を折っているようう。

「てきとうでいいんですよ。トルコのおばちゃんたちは本当にてきとうだから。煮てるときに具が出ちゃっても気にしない」とサラームさん。本欄担当編集者のSさんとサラームさんの友人Fさんも参加し、四人で頑張る。

途中から、一人が箸で生地に具を載せ、他の三人がそれを包むという分業体制にしたら、仕事がはかどるようになった。「さすがトヨタ式！」「いや、産業革命！」などとトンチンカンな歓声をあげるのは、ちまちま作業でハイになってきているせいもある。そ

スプーンひとすくいに沢山のマントゥが

う、みんなで細かい作業を続けていると、仲間意識が深まるのだ。〝極小〟には「アホ」だけではなく、コミュニティ料理の一面もあるようだ。

　サラームさんには「三時間かかる」と脅されていたが、トヨタ式のおかげもあって、一時間で終了。あとはソースを二種類。一つはヨーグルトとすり下ろしニンニクのソース、もう一つはフライパンを火にかけ、バター、トマトペースト、スペアミント、プル・ビベル、水を加えたトマトソース。

　ふつう、ソースを二種類なんて面倒くさいと思うが、耳かき作業を一時間やった後では何もかもが「お手軽」に感じてしまう。

　最後はマントゥを茹でる。トルコ人は十五分も茹でて、トロトロにするのが好きだそうだが、私たち日本人はやはりグルテンのシコシコ感が好きなので五分ほどで火を止めた。

　皿に茹でたマントゥをザバッとあけ、上から赤と白のソース二種を回しかけると、とても美しい仕上がり。

さて、われらの極小マントゥはスプーン一杯に何個のるか？　試してみたところ、最高に頑張って九個、ふつうにさらっとすくうと七個が平均だった。意外に少なくて残念だったが、サラームさん曰く「これ以上小さくなると、肉汁が感じられなくてあまり美味しくない」。

ご飯の茶碗より一回り大きい器に盛る。ちなみに数えたら一人分は約七十個だった。スプーンですくって食べた。

美味い。ハーブの効いたソースの鋭い切れ味、トロッとした水餃子の皮と融和するヨーグルトの味、嚙むとあふれる肉汁……と脳の中で味がくるくる変わる。

「なるほど！」と思ったのは食べやすさ。箸ではこんな小さい餃子はつまむこともできない。でもスプーンなら小さい方がすくいやすいし、喉ごしもいい。

消化もよさそうだし、栄養バランスも抜群。唐辛子の量さえ調節すれば、幼児にも、歯の悪い高齢者にも向いている。病院食にもうってつけだ。考え方によっては「高度福祉食」でもあるのだ。

間違いなく餃子だからホッとする反面、ニンニク入りヨーグルトやハーブ、スパイス類はエキゾチシズムを誘う。

中国か中央アジアで生まれた餃子がはるばるシルクロードを旅して、中東にたどり着いたことを実感してしまう。旅も料理も、時間がかかった方が、終わったときの感慨が深いのである。

VII
南米
魔境へようこそ——

辺境料理の最高峰、巨大魚ピラルクの漁師飯

アマゾン川を河口から源流まで主に地元の船を乗り継いで四カ月かけて遡ったことがある。当然よく魚を食べたが、最も印象に残っているのは猛魚ピラニアと巨大魚ピラルクだ。

地元の漁師やガイドとボートを雇って支流の支流くらいの場所に遊びに行けば、ピラニアにはすぐ出会える。なにしろ、釣りをすれば、ピラニアばかりかかってしまう。赤、黒、白など色もさまざまだし、大きさも二十センチから五十センチとバリエーションに富むが、鋭い歯をもっているのは同じだ。

気をつけなければいけないのは、釣ったピラニアを針から外すとき。ピラニアに手を嚙まれるのはたいていこのときなのだ。私はピラニアに嚙まれた地元の少年に頼まれて消毒して薬を塗ってやったことがあるが、人差し指と中指の二カ所がスパッとえぐられ、肉が露出していた。どんな動物に嚙まれても、どんな刃物で傷つけられてもこうはならないだろうと思われる三日月型の傷だった。

慎重に針から外したピラニアは、大きいものは切り身にして、小さいものはそのまま煮込む。このピラニア・スープに、炊いた米をぶち込み、ファリーニャと呼ばれる乾燥

させたキャッサバの粉をかけて、唐辛子とライムの一滴でも垂らすとアマゾン定食の出来上がり。ピラニアは白身肉で、若干泥臭いが、淡泊で癖がなく、昼飯としては悪くない。

ピラニアがアマゾンの昼定食とすれば、ピラルクはスペシャル・ランチである。

そもそもピラルクは並みの魚ではない。鱗のある淡水魚としては世界最大とされている。恐竜時代から生きている古代魚で、そして何より世界で最も美味い魚の一つと言っていい。

顔もいかつい巨大魚ピラルク

白身だが噛むとキュッと締まった歯ごたえがあり、地鶏にも似た味がする。ワニにも似ている。古代魚であるせいだろうか（後に食べたチョウザメにも似ていた）。

ピラルクのフライと、キンキンに冷えたアマゾンのビール「アンタルクティカ（南極）」を飲むのが最高の楽しみだった。しかし、ピラルクはその味ゆえ乱獲の対象となり、数が激減していると聞いた。現地でもかなり貴重な魚なのだ。ピラルク漁はひじょうに難しい。たいへんに頭がよい魚で、釣り針には決してかからないと言われている。開高健が名著『オーパ！』でも最も情熱を傾けて釣ろうとしてついに叶わなかった魚でもある。

地元の漁師がピラルクを捕獲する方法はただ一つだ。ピラルクは肺呼吸を行うので、ときおり水面に顔を出す。そのとき酸欠の鯉のように口をパクパクやったりせず、赤みがかった優雅な尾ひれを振ってパシャッと跳ねるという。漁師はピラルクのいそうな場所へ出かけてカヌーを浮かべ、偶然魚が自分の目の前に浮かび上がった瞬間、手にした銛で仕留めるという。ピラルクはとても敏感な魚だから決して音を立ててはいけない。身じろぎ一つせず、一日中でも水面を見つめ続けなければならない。

私はピラルクを捕まえるつもりはなかったが、その姿を一目拝もうと思い、カヌーを出して、漁師と同じやり方で何日かチャレンジした。だが、ものすごく困難なのは同じ。毎回パシャッと音がしてそっちを急いで見ても、ピラルクはすでに姿を消したあとで、水面に波紋が広がっているだけなのだ。

結局、失敗に終わったが、その情熱が神の心を動かしたのか、別の幸運にありつけた。たまたま漁師がモリでピラルクを仕留めて、バレーボールくらいの頭部を焚き火の上に直に載せて焼いて食べている現場に遭遇したのだ。

兜焼《かぶとや》きだ。他の部位は市場に売るが、「頭はいちばん美味いから自分たちで食う」とのことだった。つまり、本場でも頭は漁師しか食べられないのだ。この兜焼きが最高。香ばしい湯気を顔に浴びながら、くつくつ煮える肉に直接スプーンを突っこむ。新鮮な脂が舌の上でとろとろとろける。

現在に至るまで、私が食べた中で最高峰の魚料理だと思う。

悪魔の(!?)カエル丸ごとジュース

先日、約二十五年ぶりにペルーを訪れた。ペルーは南米でも屈指の面白い国だと思う。理由は多様性。乾燥した海岸部、標高が三千〜四千メートルもあるアンデス山脈、そして熱帯雨林のアマゾンと、極端に異なる三つの地域があるうえ、先住民とスペイン系とアフリカ系がごっちゃになって暮らしている。当然、ヘンな食べ物の宝庫でもある。

その筆頭が「フーゴ・デ・ラナ（カエルジュース）」。聞けば「カエルをさっと茹でて、丸ごとミキサーにかけて液状にし、それをごくごく飲む」とのこと。

なんだ、そりゃ？　である。カエルは食べ物としてはアジアでもアフリカでもあるが、飲み物にするなど聞いたことがない。

「それはきっと『ハサミのダンス』から来てるのよ」。首都リマで、昼食の席上、私の疑問に知り合いのペルー人女性二人が答えた。あまりに唐突だし、二人して両手でハサミのポーズをとるので、いつの間にかカニを使った別の食べ物の話に移行しているのかと、スペイン語の下手な私は思ったほどだ。

しかし、やはりハサミはカエルの話だった。ペルーには地方ごと、もっと言えば、村ごとに独自の伝統舞踊がある。その一つで、アンデスを代表する踊りがダンサ・デ・テ

ジュース用のヒキガエルたち

イヘラス（ハサミのダンス）。リマでも人気で、なんとユネスコの無形文化遺産に登録されているという。日本の能などと同格なのだ。

あとでユーチューブの動画を見たら、きらびやかな衣装を着けた踊り手たちが、両手にハサミをもってカチャカチャ鳴らしながら、複雑なステップを踏んでいる。ハサミと言っても、音が鳴るようにしたダンス用のものだ。

一方、リマではやらないが、村の祭りでは、「ダンサーは生きたカエルを踊りながら食べてしまう」と女性二人は説明する。「体が熱くなって、スーパーナチュラルなエネルギーが出て、地面に倒れても痛みを感じないし、一晩中踊れるようになるのよ」。

なるほど。この有名な踊りにあやかり、特に山の人は寒さが厳しいときや疲れたときに、半分スピリチュアルな力を求めてカエルジュースを作って飲むらしい。リマでも、庶民の間では人気があるという。

とはいうものの。その晩、ユーチューブで村祭りでのハサミのダンスを見て絶句してしまった。リマの華麗なダンスとは似ても似つかないものがいくつも登場するのだ。

なにしろダンサーたちはハサミをもっていない。衣装もない。たいていはTシャツにズボン。彼らのやることといえば、とんぼ返りをうったり、鉄の串や鎌の刃を顔や腹に刺したり、紐でぐるぐる巻きに縛られて地面にたたきつけられたり。ダンスでなく曲芸かSMショー。

極めつきはカエル。ぴょんぴょん跳ねているトノサマガエルほどの大きいやつを捕まえ、そのまま丸呑み。噛むことすらしない！

別のダンサーは生きたカエルを手で引きちぎってむさぼっている。トランスしているらしく、みんな、ニタニタ笑っている。なんだか悪霊がとりついているようで、背筋が冷たくなる。

地元の人やネットの情報によれば、この踊りは長らく「異教の儀式」としてカトリック教会に禁止され、数十年前にやっと解禁されたという。

私の想像だが、もともとこの踊りは土地の神あるいは悪魔に捧げる呪術的な踊りだったのではないか。おそらく、近年になり、その美しい部分だけを強調して改良されたものが中上流階級の手で世界的な伝統舞踊になり、土着の呪術的な要素はより強く庶民の間に残されたのではないか。

カエルジュースも文字通り、悪魔のドリンクなのかもしれない……。

胃の中で跳ねるヒキガエルジュース

ペルー・アンデスの悪魔信仰から生まれた（かもしれない）カエル丸ごとジュースを実際に探してみた。

マリーナさんという現地女性の案内で向かったのは、首都リマ最大の市場ガマラ。小洒落たリマの中心街から来ると、まるで別の国だ。乗客がぎゅう詰めになったオンボロバスの間を三輪タクシーが走り回り、混沌と熱気がまるでバングラデシュの下町のよう。私たちはカエルジュース屋台を探すがなかなか見つからない。

薬用サボテンやヘビの皮といった、怪しい屋台をかき分けて行くと、突然カエルジュース屋が出現した。屋台ではなく建物内の小さな店。ミキサーが二台並んでおり、女子学生や近所の人らしきおじさんなどがカウンターに腰掛けている様子は、普通のジューススタンドに見えるが、上下に二つ重ねられた水槽にカエルが入っているのがちがう。

上は「ラナ」と呼ばれるトノサマガエルに似たカエルが水に浸かっている。いっぽう、下の水槽は乾燥しており、中にいる「サポ」はもっとでかい。というか、これ、ヒキガエルだろう。

「ラナは頭にいい。記憶力がよくなる」「サポは特に呼吸器系の病気にきく」とお客さんたちが親しげに教えてくれる。なるほど、そういう具体的な効能が信じられているのか。それにしても老若男女がジューススタンドでオレンジやイチゴを頼むように、トノサマガエルやヒキガエルを頼んでいるのはやはり異様だ。

やり方もジュースよりスタンドより荒っぽい。私がヒキガエルをオーダーすると、アンドレ・ザ・ジャイアントに少し似た顔の大柄な女性は、水槽のヒキガエルを一匹ひっつかんで取り出すなり、じたばたするカエルの足をもって、タイル張りのカウンターの角に頭をバコンと一撃。これでカエルは即死。

次に年配の男性がそれを受け取り、皮と内臓を手早く取り除き水洗い。むいたカエルは鍋でさっと茹でる。

カエルジュースを調合する女性

これを見た私は「あー、よかった!」と心底ホッとした。もしかしたら生でミキサーにかけるのかと心配だったのだ。

その間、女性は実にいろいろなものを調合する。ハナミツ、ポーレン(ハチミツと花粉のミックス)、アルファルファ草、タマネギ、滋養強壮で有名なマカ、キヌアやキウィチャといったアンデス原産の雑穀の粉、ウズラの卵、アルガローボという木の実、ノニという果物、そしてラム酒。さながら〝魔女のレシピ〟である。これらを五分ぐらい茹でたカエルと一緒にミキサーに入れ、二、三分しっかり粉砕攪拌《かくはん》。

完成したドリンクがドーンと私の目の前に出された。五百ミリリットルを優に超える量。小さめのカップに注ぐと、緑がかった液体がどろっと流れる。

少し青臭い。口に含むと生温かく、それなりに甘く味つけされている。しかし、ものすごく濃いし、甘さは何かをごまかそうという不自然さに満ちており、胃の検査で飲むバリウムを連想させた。青臭いバリウムというか。ちなみに、案内役のマリーナさんは匂いを嗅いだだけで吐き気を催していた。

慣れると意外に飲みやすい。なんとかヒキガエルジュース五百ミリを飲み干してホッと息をついたら、ポンと新しい五百ミリの器が目の前に。「サービスだよ」とアンドレおばさんがニコッと笑っていた。こっちはトノサマガエルだそう。ゲッ……。でも断れないし。

結局、カエルジュースを一リットルも飲むはめになったが、飲み終わると、体がポカポカしてきた。冗談ではなく、胃の中でカエルが跳ね回っているような感じがする。

「何だか踊り出したくなってきた。悪魔が乗り移ったのかもしれない！」と嬉しそうに話す私を、マリーナさんは気味悪そうに見つめていたのだった。

アマゾン蛇の極上スープと炒め肉

ペルーの首都リマの市場に、カエルジュースを飲みに行った帰りのこと。乾燥させた蛇の皮を売る屋台が大通りの歩道にいくつか並んでいた。これで肌をこするとすべすべになると女性に人気なのだという。「うちのお母さんも前に使っていたことがある」と案内役の女性マリーナさん。へえ、と感心していたのだが、ある屋台で思わず足が止まった。

年配の小柄な女性が大きな蛇を台の上にのせてナイフで切りつけている。太さが私の腕くらいある、赤と黒の模様をした大きな蛇だ。「気のせいか妙に生々しいな……」と思って見つめていると、蛇がうねうねと動いている（後で調べたら、中南米最大の蛇、ボアだった）。

なんと、今ここで殺したところなのだった。訊けば、「アマゾンから生きたまま持ってきた」とのこと。いくら市場の脇とはいえ、道端だ。驚く私を尻目に、おばさんは慣れた手つきで蛇の皮をちゃっちゃと切って剥いていく。この肉、食べられる？ と訊いたら、あんた、バカかという目つきで見られた。「当たり前でしょ」

これはラッキー！ カエルジュースですっかりハイになっていた私は飛び上がらんば

炒めた蛇肉にかぶりつく筆者

かりに喜んだ。今まで蛇は何度も食べたことがあるが、アマゾン産は初めてだ。

一キロくらいの肉を十五ソル（約五百二十円）で購入。この値が高いのか安いのかは、マリーナさんにもわからないという。「蛇肉なんか買ったことないから」。さすがにペルー人といえども、食べるのはごく一部らしい。

重ねて幸運なことに、市場からそう遠くないところに、マリーナさんのお母さんが住んでおり、そのまま車で直行。挨拶してビニール袋の蛇肉を見せたら、「やだあ、あたし、蛇なんか食べないわよ～」と笑いつつ、全く躊躇なく調理を始めた。家族には好む人がいる（いた）らしい。

鍋に水を張って、切り身の蛇肉、セロリ、タマネギ、生姜、塩を順に入れ、火にかけて、十五分から二十分煮たら出来上がり。

煮込みを食べるのかと思いきや、肉は取り出して、汁のみを器に入れて出してくれた。無色透明なスープで、口に含んだらうっすらと、でもしっかりした旨味が舌の上に広がる。

こんな上品なスープが動物性のダシで作れるのか。鶏ならいちばん脂気のない胸肉でも煮たら相当脂が浮くのに、これは脂っ気ゼロ。白身魚の汁にも多少似ているが、やっぱり別物。蛇汁としか言いようがない。私は昔一度食べたきりだからよくわからないが、スッポン汁に匹敵するかもしれない。

いっぽう、煮た肉の方はさらにフライパンで油炒め。蛇のこんな調理法は初めて見た。うっすらと焼き色がついたくらいで終了。こちらは二十センチくらいの骨付き切り身を丸かじり。

ひゃあ、こっちも香ばしくて美味い！　炒めた鶏肉に近いが、地鶏ならぬ地蛇なので、もっと噛み応えがある。でも、齧ると繊維ごとパリッと剥がれるし、パサパサしていないのが驚き。なにしろ、煮込んだ汁に一切脂っ気がないのである。残りの肉はさぞかしパサついているだろうと思うが、ジューシーとは言わないまでも、新鮮な肉の旨味が充満している。

私はこれまで幾度も蛇肉を食べ、中にはけっこう美味しいものもあったが、どこか「蛇のわりに」という条件付きの感想を抱いていたのは否めない。だが、このスープと肉は蛇云々を超えて、圧倒的に美味だ。蛇自体が美味しい種類なのかもしれないが、むしろ鮮度だと思う。なんせ殺してから一時間とたたずに食べている。

ヘビも鮮度が命なのである。

アンデス山脈にはコカ茶がよく似合う

ペルーの首都リマからクスコへ飛んだ。アンデス山脈の上にあるこの町はかつてインカ帝国の首都で、標高三千四百メートル。前回（約二十五年前）は激しい高山病に苦しんだので、今回は用心して予防薬を飲んできたのだが、飲み方が間違っていたようで、見事に高山病になってしまった。症状は前回よりひどい気がする。

後で知ったが、高山病は高地に着いてすぐには発症しないそうだ。私も空港に降り立ち、タクシーでゲストハウスまで行き、荷物を背負って三階の部屋まで登った。息はあがったが、大したことはなかった。ところが、時差ボケのため、二時間ほど寝てしまい、夜の七時頃目が覚めると、猛烈な貧血状態に襲われた。

ベッドの上で体を起こしていられない。トイレも這っていかねばならず、用を足すために便座にすわっているだけでスーッと血の気が引いてくる。なにしろ三階だし、電話もないし、助けを呼ぶこともできず、ベッドに横たわるのみ。

高山病の根本的な治療法は高度を下げることだけだが、たいていの場合は数日すると徐々に慣れてくる。でも、「数日」もこの状態を耐えるのは辛すぎる。

翌朝、ほんの少し症状が和らいだので、手すりにつかまりながら、なんとか階下の食堂まで「下山」した。ハアハア息を喘がせながら、椅子の背にもたれてスタッフの女の子に「高山病なんだ」と訴えると、彼女はまず医療用のアルコールをもってきて、「これを手につけて顔を拭いて」と言う。やってみたら、パーッと目が覚める感じ。あくまで一時的なものだが。

「高山病に効く食べ物は何かないの？」と訊くと、「コカ茶を飲みなさい」。

ゲストハウスの食堂で提供された高山病の応急処置セット。左からコカの葉、コカ茶、医療用アルコール

コカ茶！　すっかり忘れていた。コカの葉はインカ帝国の時代からアンデスの人々に高山病の薬やエネルギー補給薬として重宝されてきた。

コカの主要な薬用成分はコカイン。コカの葉からコカインだけを抽出・精製したのが同名の麻薬である（ちなみにコカ・コーラの「コカ」はこのコカのことで、発売当時は本当にコカイン成分が含まれていたという。今はもちろん含まれていない）。

そのせいでコカの葉もコカ茶も日本では違法とされているが、葉にはそれほど強い作用も依存性もないため、ペルーやボリビアではコカを嗜《たしな》む人の姿が風景の一つに見えるほど一般的だ。

クスコの空港の到着ロビーには、皿の上にウェルカム・ドリンクならぬ〝ウェルカム・コカ〟(コカの乾燥葉)が置かれ、旅行者が自由にとれるようになっていた。この食堂でもコカの葉が食卓に当たり前のように用意されていた。

葉っぱは長さ五センチほど、料理で使うローリエそっくりの形と質感だ。女の子の指示にしたがって茶を入れる。葉をひとつまみ紅茶のカップに入れ、湯を注ぎ、蓋をして三分という、カップ麺のような手順でコカ茶の出来上がり。

薄い黄色の茶を含むと、味はマイルドで、緑茶、それも日本茶に似ていると思うのは、どちらも茶葉を発酵させておらず、若干青臭さが残っているせいだろう。

茶を飲むと、多少食欲が出てきたので、パンやチーズを食べた。そのうちに、自分がふつうに体を起こしていられることに気づいた。息苦しさが明らかに軽減している。なんという即効性。

ビバ、コカ茶!

食後、食卓のコカの葉をまた、ひとつまみ、口の中に放り込んで、外に出た。自分用のコカの葉を買うためだ。二十五年前はコカの葉を噛みながら、四千五百メートルくらいの山に登ったのだった。

郷に入れば郷に従え。今回もコカにすがってこの苦境を脱出したい。

コカは実はアマゾンの覚醒植物だった!?

アンデス山脈のクスコでコカの葉を噛みながら、さらなるコカの葉を求めて町を歩いた。歩くと言っても、マラリヤで熱が四十度あったときみたいに体がだるく、息が切れる。周囲の現地人はみんなすたすた早足で行き来しているのに、私だけ「一人エベレスト登山状態」。全く情けない。

でもコカがあるだけマシなのだ。そうでなければゲストハウスからも出られなかっただろう。

コカの葉はてきとうに噛むが飲み込まないで、ほっぺたに寄せてチュウチュウとエキスだけを吸う。吸い尽くしたらペッと吐き出す。ちょっと痺れるような苦みがあるが、まずくはない。むしろ、美味いと思ってしまうのは、私がアフリカのソマリ人エリアで愛好していた覚醒植物カートに味が似ているからだ（カートは新鮮な葉を噛むが）。

摂取の方法も同様。ソマリランドの人間はせっかちなためかカートを飲み込んでしまうが、イエメン辺りでは口の中にためてエキスだけ吸う。エキスが出尽くすと、吐き出す。

もっとも効能はちがう。カートは頭がパーッと冴え渡るような多幸感があるが、コカ

アマゾンの村で栽培しているコカの木

は自覚症状と呼べるものは感じない。高山病に効くのは確かだが、息苦しさがなくなるわけではない。むしろ、ランナーやスイマーが安定して長く走る（泳ぐ）とき、息苦しさに慣れる感覚に近い。

　コカの効果が切れかけ、またもや青息吐息になった約三十分後、坂の上にある市場の隅で、カウボーイハットのようなつば広の帽子をかぶった先住民のおばさんがコカの葉を売っているのを発見。五百ミリリットルくらいのビニール袋一杯でたった一ソル（約三十三円）。安い。

　購入し、さっそく新しい葉を口に放り込みくちゃくちゃ嚙むと、「この干からびた葉からどうして?」と疑問に思うほどにフレッシュな汁がジュワッ。まさに旱天《かんてん》の慈雨のごとし。みるみる心身がラクになっていく。

　かくしてアンデス滞在中は必要不可欠になったコカだが、高山病に慣れると、今度はコーヒー代わりである。常時ポケットに入れておき、気分転換、あるいは眠気覚ましのために、ときどきつまんでは嚙む。

　しかし。コカの「本場」は実はアンデスではない。東側の斜面を下った先にあるアマゾンなのだ。コカは熱帯雨林の植物であり、インカ時代から現在に至るまで、アマゾンからアンデスへ輸出されている重要な交易品なのだ。

クスコのあと、アマゾンの町に降りて、さらに先住民の集落へ向かったときのこと。前夜の嵐のため、途中の川が増水し、渡れなくなっていた。そこに人がたまっている。水が引くまで何時間でも待っているのだ。

暇つぶしに魚釣りをしたり、山菜を探したり、あるいはコカの葉を食べてお喋りしたりしている。何か灰色の練った薬のようなものを少量、葉につけている人がおり、私も勧められて少しもらって同じように嚙んでみたら、口の中がビリビリとかなり激しく痺れた。

「うぉっ、これ、キンマみたいじゃん！」と驚いた。キンマは、同じくキンマという名のコショウ科の植物の葉にビンロウジュの実と石灰を包んで嚙む嗜好品だ。アマゾンのは石灰ではなく、現地のワチペリ語で「タヤン」と呼ばれる木の芯を焼いてから水を混ぜたものだという。たまたま近くの林にあったので切ってみると、木の芯が鉛筆の芯のように真っ黒である。

「コカ＋タヤン」のコンビは効果も抜群だった。何時間も待たねばならないという失望感がみるみるうちに消滅し、「ああ、アマゾンらしくて素敵じゃないか！」という幸福感にとってかわられた。まるでソマリのカートのようだ。

ビバ、アマゾンの覚醒植物！

アンデスのオーガニック・巨大ネズミ串焼き

先日、ペルー・アンデスの中心地であるクスコの中央市場へ行ったら、毛がむしられて裸状態の大型ネズミの死体がバケツや洗面器に山積みにされているのを見て、一瞬ゲッと思った。

——これがクイか……。

ネズミを食べる地域は世界のそこかしこにあるが、「家畜」として飼っているのはペルーからボリビアにかけてのアンデス山脈だけだろう。

ネズミと言っても普通の家ネズミではなくテンジクネズミ。日本ではかつてよく実験に使われ、今ではもっぱら愛玩用として飼われているモルモットだ。ペルーでは「クイ」と呼ばれる。

アンデスでは決してゲテモノではない。それどころか、この「世界最小の家畜」があまりにポピュラーなことに驚かされる。

クスコ市内でタクシーの運転手にクイについて訊いたら、「ああ、うちでも十匹くらい飼ってるよ。母の日とか親戚が集まったときとかに潰して食べるんだ」と事もなげに答えた。町の人間でもベランダ園芸並みの気楽さで食用ネズミを飼育しているのだ。

クイ飼育の上級者になると、今度は「コンテスト」に熱を入れる人が出てくる。アンデス各地で開かれる農産物の見本市などで、クイ農家が自慢のクイを持ち寄り、優劣を競うという。私はそういうクイ農家（旅行者用のバンガローも経営している）を紹介してもらい、一泊しながらクイの飼育から屠畜、料理まで取材させてもらうことにした。クスコから車でざっと一時間ほどの農村だ。

途中、ピサックという集落を通りかかると、数人の女性が道の両脇から現れて、両手で旗のようなものをぶんぶん振っている。よく見れば、木の棒に刺さり、こんがり焼けたクイ。この集落はクイ・アル・パロ（クイの串焼き）で有名だという。つまり名物料理をそのまま振り回して客引きをしていたのだ。その素朴さというか、単刀直入さに笑ってしまった。

道端でクイの串焼きを作っている

クイは体長五十センチほど、意外にでかい。私が子供の頃に飼っていたモルモットよりずっと大きい気がする。二、三人分の肉になるのではないか。野菜の付け合わせを含めて一匹三十五ソル（約千百五十五円）とのこと。

だが、私はもっと美味いクイを食べるため、そこは素通り。目的のクイ・ファームに到着した。

飼育小屋にはクイが四種類、全部で百匹いた。飼育者のファビオさんという男性によれば、クイにはタイプ①から④まである。もともとは①しかなかったし、今でもこれが「長生きで子供をたくさん産み、経済的」という理由でもっぱら市場に出回っている。

いっぽう、改良型にはいろいろ特徴がある。②は肉の味は①と同じだが、毛が渦を巻いたようになっている。③はまるで犬のマルチーズみたいに長毛。でも肉が少ないため、完全に観賞用。④は肉がいちばんうまい。

コンテストでは「肉の味」「サイズ」「美しさ」などがタイプごとに競われる。なぜ見た目が競われるのか謎だが、ペルーでは牛でも羊でもそうらしい。クイは生後三カ月で体重二・五キロぐらいがベストとか。小屋の壁にはメダルや賞状が無数に飾られていた。

餌は小屋の横にある畑から刈り取ったアルファルファ草。これはクイの糞を肥料にしているというから見事に循環している有機農法だ。「ここのクイは完全なオーガニックですよ」とファビオさんは胸を張る（ただし、市販のフードも少し与えている模様）。

小屋ではラジオからポップな音楽が流れている。ファビオさん曰く、「クイは人間のストレスに影響されるから、人間が楽しく仕事することが大事なんだ」。楽しそうな飼育者が新鮮な餌を与えることがよいクイを育てる秘訣らしい。

"標高高い系"のヘルシー・モルモット・ランチ

クイ（テンジクネズミ＝モルモット）の串焼きを食べに行った話のつづき。

ランチの準備が始まったのは朝の八時半。ファビオさんは小屋の脇の野外キッチンで焚き火を起こす。次に小屋に入り、生後四十五日のタイプ①（標準）と大柄の生後三カ月のタイプ②（渦巻き状の体毛）を捕まえた。籠に入れると、焚き火のところにもっていく。

籠からクイを取り出し、足と頭をもってキュッとひっぱって捻った。これでネズミは即死。ファビオさんはクイを東に向けている。「クイは死ぬとき太陽の方を見ようとするから、見えるようにしてやるんだ」

さらに彼は不思議な行動に出た。模様の描かれた赤い布を地面に敷き、二匹のクイをそこに横たえると、上からタンポポのような黄色の花を散らした。美しい。

「こうすると、最後までよく世話したことになって、肉もおいしくなるんだ」

後で訊けば、アンデスでは牛でも羊でも、屠畜するときは必ずこのようにするという。犠牲になった動物と恵みを与えてくれた神様に感謝するという意味らしい。生活の中に自然へのリスペクトがある。

完全オーガニックなお洒落ネズミ・ランチ

次は毛をとる。実はクイの屠畜・料理において圧倒的に手間がかかる作業がこれ。熱湯をかけ、耳の中まで丁寧に手でむしり、最後はナイフも使う。二匹で四十分もかかった。さらに内臓をとってよく洗う。

内臓を抜いた後、代わりにワカタイというアンデス独特のハーブと、ニンニクとクミン、塩、酢を混ぜた薬味をギュウギュウに詰める。

これが終わると、細い木の棒に刺して、ネズミの後ろ足を棒に縛る。頭を下にして、鉄フレームの台にたてかける。焚き火はごうごうと燃やす。強火の遠火だ。少し焼けてくると、ネズミの向きを変える。どこかで見たことがあると思えば、魚の炉端焼きだ。

だが、こちらの方がもっと凝っている。十五分ほどして茶色く焼き色がついてくると、ローズマリーの葉でオリーブ油を肉全体にまんべんなく塗る。

こんがり焼けてきたら、火から少し遠ざけ、クイを横向きにする。すると、ハーブ汁が滴り落ちる。「中の水分を抜く」とのこと。

ハーブと油と肉の焦げる何とも香ばしい匂いが漂ってくる。

十二時前、ようやく小さい方が焼けた。調理（屠畜）を始めてからざっと三時間半。クイをキッチンへ持っていくとナイフでなく、ハサミで切り分ける。頭と足の先を切ってから、胴体を三分割にする。

私は先に足の方を味見。肉は若干赤っぽいが、味は鶏に似ている。新鮮なためか育て方がいいためか、臭みは全くなく、ハーブがいい感じに利いている。コレステロールが少ない肉として知られているだけあって、脂肪分はとても少なく、かわりに皮下のゼラチン質がうまい。

さらに一時間ほどして本格ランチ。肉を食べて驚いた。さっきは鶏だと思ったのに、今度はちがう。やや独特の匂いとコクのある赤身肉は、昔タイに住んでいたときよく食べていたアヒルそっくりだ。なぜ、高所に住む南米のネズミと熱帯アジアのアヒルが似た味なのか全くわからない。

付け合わせはピーマンの肉詰め、ふかしたジャガイモ、パスタに卵をからめたアンデス名物の麺「クルシパタ」。全てこの農場でとれた有機無農薬野菜で、地元の家庭料理だという。なんだか雑誌などで見るニューヨークのアッパーな人たちのランチみたいだ。お洒落でヘルシーで意識高い系で。たしかに標高は三千メートル近くもあるからアッパーはアッパーだが……。

不思議さと美味さが溶け合った希有なランチタイムだった。

インカ帝国の公式ドリンク「チチャ」の酸っぱい末路

アンデスのトウモロコシ酒「チチャ」ほど輝かしい歴史をもつ酒は世界的にも珍しい。少なくとも紀元五、六世紀にはもう儀礼用の酒として生産が始まっていたという。

十六世紀、スペイン人が初めて到来したとき、インカ帝国はエクアドルからチリに及ぶ大帝国だったが、その「公式ドリンク」もまたチチャだった。現在、世界三大穀物の一つに数えられるトウモロコシは昔、食べ物ではなく、チチャの原料だったというから驚きだ。支配者層がトウモロコシ畑を所有し、チチャを作って儀礼で神に捧げ、自分が飲み、そして領民に振る舞っていたという。

そんな由緒正しい酒なのだが、しかし。私がクスコに着いたとき、町にチチャの気配はなかった。ゲストハウスのスタッフやタクシーの運転手に訊いても、「どこかにあるはずだけど……」などという曖昧《あいまい》な答えばかり。今や、町で飲まれるのはビールやワイン、ピスコ（ブドウの蒸留酒）であり、チチャを飲む人は少ないらしい。一方、田舎に行けばどこにでもあるという。現在、チチャは支配者層以外の人が造って飲む酒に転落している模様だ。

そこでクイ・ファーム（食用モルモット農場）へ行くとき、雇った車で走りながら気をつけて見ていると、クスコから十数キロ離れた集落で、赤いビニール袋のようなものを先につけた長い棒が揺れているのを発見した。「チチャリアだ！」チチャを飲ませる店をチチャリアと呼び、赤い袋が目印なのだ。たいていはただの民家である。私はドライバーと一緒にその中の一軒を訪れた。

ちょうど、昼休みで、地元のおじさんたちも五、六人やってきて、一つしかない大きなテーブルのベンチに並んで座った。

青天の下、チチャをあおるおじさんたち

テーブルの脇には大きなタライにトウモロコシが水に浸してあった。インカ帝国時代、チチャは処女がトウモロコシを口で噛んで発酵させていたが、スペイン占領後は徐々にトウモロコシを発芽させ、その酵素を用いて発酵させるというビール醸造と同じ方法に移行したという。このタライのトウモロコシは発芽の準備をしているところなのだろう。

それにしても、トウモロコシといえば、ふつう黄色をイメージするが、ここでは黄、赤、紫と色とりどりで、高地の強い日差しを受けてキラキラと輝いていた。

民家（店）のおばさんがプラスチックの容器にたっぷり入ったチチャを運んできた。おじさんの一人が薄黄色の液体を五百ミリリットルほどのグラスに注ぐと、グイッと一気飲み。すぐさま再びグラスに酒を注ぎ、隣のおじさんへ。その人も一気飲みして、グラスを戻す。

おおっ、辺境酒の作法だ。容器が少ないせいか、あるいは仲間意識を高めるせいか、世界の多くの辺境地域（田舎）では酒を飲むとき、一つの杯を一気飲みしてどんどん回す習慣がある。心和む雰囲気だ。

すっかり嬉しくなった私はおじさんたちの横へ一緒に座らせてもらい、チチャをグイッとあおったら……。

「なんじゃ、こりゃ⁉」

むちゃくちゃ酸っぱい。アルコール分も感じない。レモン汁を飲んでいるようだ。とても一気飲みなどできないが、ドライバーが「早く行こう」とさかんにせかす。時間あるのになんだよと思っていたら、理由はすぐに判明した。隣のおじさんたちが、「俺らに一杯ずつおごれよ」と迫ってきたのだ。会ってからまだ十分もたってないのに。

酒は酸っぱいだけでうまくないし、地元の客にはおねだりされる。しかもそこを出た後は、頭痛に襲われた。私はそのとき、まだ高山病にかかっており、そういうときに酒を飲むとひどい頭痛になるのだ。つまり、多少はアルコールが入っていたという証明なのだが、なんとも〝酸っぱい〟チチャ初体験であった。

泡が決め手の辺境エナジードリンク

インカ帝国の公式ドリンクにして、現代はアンデス庶民の酒チチャ。初めて飲んだときはあまりに酸っぱいし、アルコール分は感じないしでさんざんだったと書いた。以後、チチャは探すこともせず、そのうちアマゾンに来てしまった。

ピルコパタという鄙《ひな》びた町を朝、エドというガイドと一緒に歩いていたときである。この町にも「ケチュアの人間が住んでいる」という話になった。ケチュアの人間とはケチュア語のネイティヴ話者を意味する。ケチュア語はインカ帝国の公用語であり、今でもエクアドルからボリビアにかけてのアンデス山地の広い地域で話されている。

エドはクスコの町に住む若者で、もはや第一言語はスペイン語になり、ケチュア語は耳で聞いてわかる程度だが、アイデンティティとしては「ケチュア」らしい。妙に胸を張って言うに、「ケチュア人がいるところには必ずチチャとコカがある」。

私は首を傾げた。コカはアマゾン原産だからともかく、チチャの原材料はトウモロコシであるし、周りを見渡してもジャングルと水たまりばかりで、標高三千メートル前後の乾燥したアンデスとは似ても似つかぬ環境である。

だが、市場で訊いたらあっさりチチャを売る店が見つかった。店の主は二十五年前、

旺盛に泡立つチチャはするする飲める

両親を失ってアマゾンに流れてきたというケチュアのおばさん。店の前に置かれたテーブルの上にはチチャがたっぷり入ったプラスチックの容器とコカの大袋。エドの言葉どおりの光景である。それにしても、朝の八時前から酒を売っているとは。私は喜んで一杯所望。

大きなグラスになみなみと注がれたチチャをグイッと飲んで驚いた。さほど酸っぱくなく、果実由来ではない微妙なコクがある。

なによりも表面にびっしり浮かんだ泡。アマゾン川を舟で旅していると、水面に薄茶色の泡がよく浮いている。さまざまな植物から出る「灰汁《あく》」だというが、色も質感もそれを彷彿させる。ビールより気泡が大きく、なんとも柔らかい泡が唇にひっかかり、その間を突破するように冷たい液体が喉に流れ込んでくる。

「ケ・リコ（美味い）！」と言うと、おばさんは笑って二杯目をおまけで注いでくれた。

美味いのは確かだが、このチチャもアルコール分は感じないほど薄い。でも、ノンアルコールのジュースなら、朝から一リットル近くも飲めない。それがするする入ってしまうということはやっぱり酒精入りなのだろう。

なるほど、と思った。辺境の地では朝から一日中、酒を飲んでいる民族がいる。この町の近くに住むマチゲンガという民族は森で狩りをするときでもキャッサバの酒を日がな一日飲んでいると言うし、私が訪れたことのあるミャンマーのナガ族も、薄い米のどぶろくを朝から飲んでいた。

アルコール発酵していると腐敗菌が入りにくい。つまり、安全な飲み水を常時確保できない土地の人々にとって、ライトな酒は水代わりなのだ。栄養分もあるので、エナジードリンクとも言える。

とか思っていたら、おばさん、今度は店の奥から「二日前に仕込んだ」という、もっと強いチチャを出してくれた。こちらは確実に酒！　アルコール度数はビールの半分ほどだが、独特の泡とともに心地よい酔いが体内に流れ込む。チチャ、いいではないか。インカ帝国御用達の名声は伊達でなかった。

代金を払うとき、エドと一緒にコカを一キロほど買い込む。チチャを飲んだあとはコカを嚙む。それがアンデスの民の数百年に及ぶ習慣であり、アマゾンにいてもそれに従ってしまう私たちだった。

華やかでやがて虚しきピスコサワー

アンデスの由緒ある酒・チチャ。

その美味さをアマゾンで知った私だが、アンデスの町クスコに戻ってからチチャは飲めなかった。

当然、どこかにあるのだろうが、今や地元庶民（特に農民）の地酒となったチチャは観光都市と化したクスコの町では簡単に見つからないし、私も積極的に探さなかった。

だいたい、チチャは昼間に仲間たちとわいわいやりながら飲むか、あるいは喉が渇いたとき水やエナジードリンク代わりに一杯さくっとひっかける酒で、冷え込みがきついアンデスの夜にガブガブ飲むものじゃない（薄いのでガブガブ飲まないと酔えない）。

では、夕飯の前後にキュッと飲んで酔えるような強いローカル酒はないのか？　というと、これがちゃんとある。ブドウの蒸留酒「ピスコ」だ。

十七世紀初め、つまり日本の江戸時代初め、まだ大坂の陣で真田信繁が活躍していた頃、ヨーロッパから移住した人が首都リマの近くにあるピスコで作り始めたからこの名がついたという。ブランデーの一種だが、樽で熟成させないので無色透明。

ところがである。旅行者はピスコも気軽に飲めない。ピスコの値段はピンキリだが、安いものはボトル一本五ソル（約百六十五円）でも買えるという。でも、アルコール度数四十二度もある酒をストレートでは飲めないし（特に高山病の気配が残っている私には無理）、ボトルなんか買えない。バーやレストランではもっぱら「ピスコサワー」なるカクテルで提供される。というより、ピスコサワーこそ最も世界で知られるペルーの酒なのだ。

が、大変残念なことに、これは目が飛び出るほど高い。店によってちがうが、だいたい一杯二十ソル（約六百六十円）。対して、チチャはふつう一杯一ソル。つまり、ピスコサワーはチチャの二十倍の値段なのだ（ピスコサワーだけでなく、バーやレストランのワインやカクテルはみんな高い）。

高かろう美味かろうが切ないピスコサワー

ピスコサワーとチチャはともにペルーを代表する酒なのに、相容れない関係にある。この国の巨大な生活格差を象徴しているかのようだ。

だが、やっぱり飲んでみたいという欲求には勝てない。ということで、宿の近くのお洒落なバーで頼んでみた。ハイセンスなカットグラスに入った液体はなんとクリームのように真っ白。怪訝な気分で一口飲んで「おおっ！」と思わず声が出そうになった。柔らかい泡に覆われ、その中から冷えた酸味のある液体が喉に流れ込んできた。って、これ、まるでチチャじゃん！ チチャは美味いけど、もっと味とアルコールを濃くして、飲み応えのある夜の酒にしてほしいと思っている人――つまり私みたいな人間が開発したとしか思えない。チチャの良いところをデフォルメして凝縮したようだ。

ほんのりとした甘みと酸味、そして何よりふわふわの泡。ピスコサワーは、ピスコに卵白、ライム、ガムシロップ、氷を混ぜると聞いた。卵白をかき混ぜると泡立つ。チチャの泡を再現するために誰かが大坂の陣の頃、ペルーで考案したのではないか。

ピスコサワーは感動的なほどに優雅で華やか。しかし最大の問題はコストパフォーマンスだ。泡の部分が多すぎ、ほぼ一瞬で飲み終わってしまう。これでチチャ二十杯分。虚しい。もちろん、おかわりする勇気はない。

このあと、二回、誘惑に負けてピスコサワーを飲んだが、何度飲んでも華やかさに感動する。と同時に虚しい。心地よく酔いながらも「チチャ二十杯」と思ってため息が出る。こんな複雑な心境に陥らせる酒は私の長い旅経験でも他にない。誠に希有な酒なのである。

突っ込みどころ満載のアマゾン竹筒魚蒸し料理

ペルー・アマゾンのマヌー国立公園を訪ねたときのこと。この地域独特の料理があると聞いた。竹筒の中に魚を詰めて蒸し焼きにするというもので、呼び名は「パカモト」。お祭りのときは、これを大量に作ってゲストに振る舞うという。興味を惹かれた私はワチペリ族の村を訪れた。

料理を教えてくれたのは、村の学校で教えている五十五歳の先生と六十歳の村長。その手順は意外性に満ちていた。まず、村の裏の森へ行き、太さ十センチほどの青い竹を切り出し、長さ七十センチくらいに切る。これで節一つ分だ。

続いて、魚を獲りに行く。かつては川で捕まえていたが、今では二十五メートルプールほどの大きさの生け簀で養殖している。魚はうじゃうじゃいる。だから、話は簡単と思いきや、先生と村長は突然服を脱ぎだし、パンツ一丁になった。昔から南米の男たちはなぜかビキニのような小さいパンツを穿く。そして、二人はイモの食べ過ぎなのか、腹がぽよ～んと出て、ビキニが肉に埋もれている。深く考えたくないが、妙にエロチックである。

その格好で二人はザバザバと生け簀に入った。手に長さ二十メートルもありそうな巨

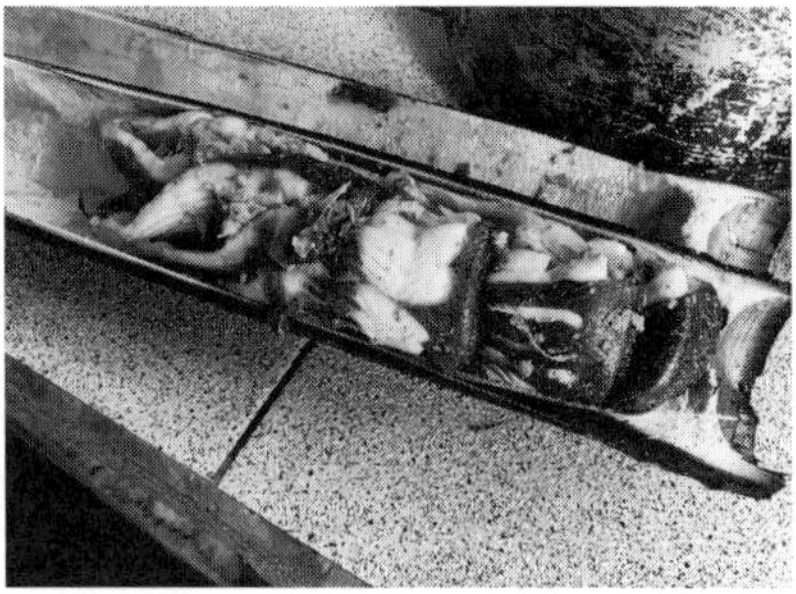
蒸し焼き料理「パカモト」

大な網をもち、なんと追い込み漁を始めた。しかも底の泥に足をとられ、えらく苦労している。自分の生け簀で、髪を振り乱して、漁をしているセクシーなおっさんたち。驚くことに、魚を食べるとき、毎回こうやっているらしい。柄の長い網ですくうとか、何か他に手立てはないのか？

二十分以上かけて、長さ三十センチほどのオレンジ色がかった美しい魚を五匹ほどゲット（魚好きの友人によれば、「レッドコロソマ」という名前の魚だという）。

そして、ようやく料理の開始。魚の内臓をとり、頭を切り落とすと他の部分を三つに切った。味つけは塩を振るだけ（「昔は塩もなかった」という）。二本の竹筒いっぱいに詰め、大きな葉を丸めて蓋をする。

焚き火の脇に丸太を置き、そこに竹筒をたてかけて、側面から火が当たるようにする。これで蒸し焼き。「圧力鍋と同じだ」と先生。三、四分に一回くらいの頻度で、竹の向きを変える。けっこうな手間だ。

三十分くらいすると、竹筒が焦げてきた。先生と村長は代わる代わる竹の口に耳をつける。私もやってみたら、中でコポコポ音がする。魚が煮えたぎっているのだ。水を入れてないから、純粋に魚から染み出た汁である。彼らはこの音の変化で、どれくらい煮えたか判断できるという。この辺はさすが「森の民」だ。

途中で、竹筒を火からいったん上げ、中の汁を皿にあけた。さらに続けて蒸す。一時間ほど経つと、「ブエノ（よし）」と言い、竹筒を引き上げた。

マチェテ（山刀）で二つに割ると、竹筒の下の方に魚がギュッとたまっていた。この切り身を皿にあけ、キャッサバ二切れ、それに先に取り出しておいた魚汁をかける。

おじさん二人が苦労の末、一時間半以上もかけて作った郷土料理パカモト。一体どんな味がするのかと期待して食べてみた。そして、驚いたのである。

「ふつうだ！」

あまりに普通な白身の煮魚。味つけは塩のみだし、竹の香りがするわけでもない。私が自宅で作っても簡単にできそうなレベルだ。

理解に苦しむのはなぜ魚の頭を入れないのかということ。実はあまりに待ち時間が長いため、村長の奥さんが頭を煮込んだスープをおやつ代わりに出してくれたのだが、そっちの方がはるかに美味しかったのだ。

生け簀の漁といい、頭を取り除いた蒸し煮といい、突っ込みどころが満載。そして、心の中でこう叫んだ。「俺はこれそっくりでもっと美味い料理を食ったことがある！」

アマゾン竹筒料理vsミャンマーの究極ゲリラ飯

アマゾンの村で現地の名物とされる「竹筒魚蒸し料理」を食べに行ったら、やたら手がかかるわりに味があまりに普通で驚いたという話を前回書いた。

たぶん、その村では二十年か三十年前は鍋も十分になかったのだろう。そして、魚を食べるのは大勢の人が集まって漁を行うときと相場が決まっていたらしい。つまり、竹筒は容器として必須だった。だからこその竹筒蒸しなのだろう。

それは理解できる。にしても、魚の頭を使わないとか味つけが塩だけというのは残念すぎる。なぜなら私は以前、同じような環境で、これとそっくりな、でも桁違いに美味しい料理を食べたことがあるからだ。

場所はミャンマー北部カチン州。私は現地の反政府ゲリラであるカチン独立軍の兵士や近隣の村人と一緒に、政府軍の目の届かない山岳地帯のジャングルを歩いていた。途中から兵士も村人も道を見失い、いつの間にか密林の奥深くをさまよっていた。私も疲労の極みにあった。

ある日、川に出たのでその川原に野営した。兵士たちは所持していたダイナマイトを水中で爆発させた。すると幅五メートル足らずの小さな川にもかかわらず、びっくりりするほどの魚が浮いてきた。体長二十〜四十センチほどのコイ科の魚だ。その数、五十匹は下らなかったろう。

兵士と村人は大きなバナナの葉を川原に敷くと、その上で調理を始めた。

まず、半分に割った竹筒を俎板にして、魚をぶつ切りにする。切り身にさらに細かく切れ目を入れ、火や味が通りやすくする工夫も忘れない。内臓以外は頭も尻尾も当然使う。

ぶつ切りの魚に香辛料やハーブをまぶした絶品メシ

味つけも凝っている。塩と唐辛子、それに森の中から摘んできたニラのようなハーブ、柑橘系みたいな爽やかな匂いのする黄色い小さな花を上からまぶし、手でぐちゃぐちゃにかきまぜる。そして、最後に敷いたバナナの葉っぱごと包んで、太い竹筒の中に入れる。

あとはアマゾンのやり方と大差ない。というか、もっと簡単。火を熾して、竹筒を立てかけ、炙る。ほとんどほったらかし、一度か二度、竹の向きを変えたくらいか。同時に飯盒《はんごう》で米も炊く。三十分ほどしたら完成だ。

新しいバナナの葉の上に炊きたてのご飯をあける。

そして、竹筒を火から外して、中から葉の包みを取り出す。開くと香ばしい湯気とともにじっくり蒸された魚が姿を現す。この魚をご飯の上に載せた。

この頃には日はすっかり沈み、辺りは暗闇。懐中電灯の灯りが頼りだ。みんなで葉っぱを囲んで腰を下ろし、手づかみで食べた。このときの魚ほど美味い魚を食べたことがない気がする。一つにはその究極的な状況がそう感じさせたのだが、それだけでは決してない。人里離れた場所であるから魚は天然にして新鮮。調理も丁寧。なによりも決め手は味つけだろう。塩、唐辛子、森のハーブと花が混じった香りと味はどんな三つ星レストランでも決して作れない味だったはずだ。

カチン州の米はパラパラしたインディカではなく、ジャポニカに近い。魚と一緒に混ぜて、ギュッと握ると寿司やおにぎりのように固まる。それを次から次に口に放り込む。米と魚の「握り」は日本人の琴線にも触れる。小さな花はほんのり酸味がし、唐辛子の辛さと混じって、心身をほどよく刺激し、強ばった筋肉と神経を優しくときほぐしてくれる。見上げれば、星が瞬いていた。

先日のアマゾンではまさにカチン州での再現を期待してしまった。それはアマゾンの人たちに申し訳なかった。カチンの竹筒料理が特別すぎたのである。

泳がない鮟鱇？　南米の妖怪変化魚

世界広しと言えどもペルーのリマで出会った「ペヘサポ（カエル魚）」ほど珍奇な魚はそうそういないだろう。

名前もへんだが、生態はもっと珍妙。吸盤があって、磯の岩にはりついて、苔や貝を鋭い歯でこそげ落として食べるという。つまり基本的に〝泳がない魚〟なのだ。味はいいが、漁が特殊なため、いつも手に入るものではない――。

ダメ元で、魚を水揚げしている浜辺へ行ってみたら、幸運なことに、漁師がペヘサポを持ってきて、タイル地の台に置いたところだった。

「なんじゃ、こりゃ⁉」と思わず、口走った。

大きいのは体長三十センチ、小さいのは十五センチほど、鱗がなく、頭は丸くて、小さい目がついている。およそ魚の顔ではない。かといって、カエルともちがう。なんだか、太りすぎて目が小さくなり表情がわからなくなった力士を連想させる。

体の色は緑か灰色で、軍服の迷彩色のよう。形や色合いを総合すると、オオサンショウウオにイメージがいちばん近いかもしれない。

触るとぶよぶよして気持ち悪い。さらに摑んで持ち上げようとしたら、力を入れても

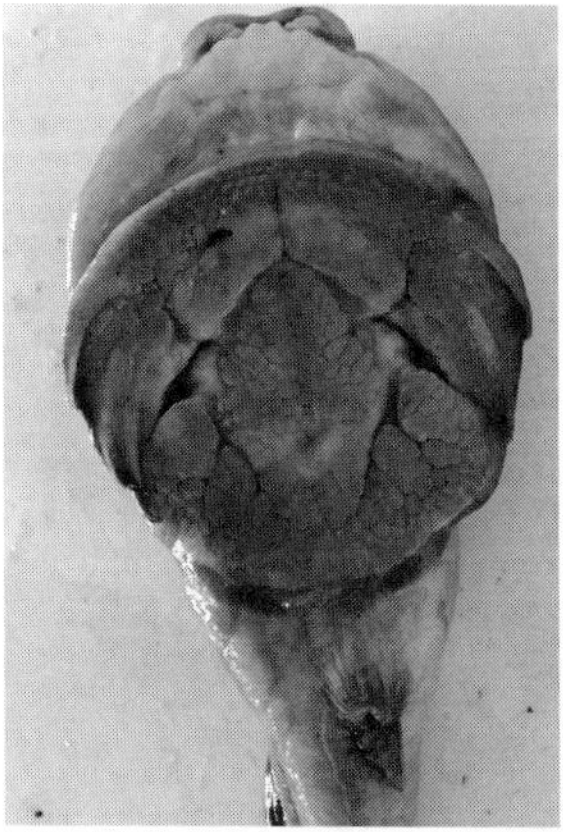
ペヘサポの腹部に備わる吸盤

上がらない！　吸盤でぴったりタイルに張り付いているのだ。台所の壁に取り付けてタオルやお玉をかける吸盤フックに、大きさも吸引力もそっくり。吸盤の部分に指を差し込むとパカッと簡単に外れるのも吸盤フック同様。しかし、この魚、一体どうやって自分で吸盤を岩にくっつけたり外したりするのか。誰かそばに〝助手〟でもいるのか？

四匹まとめて購入。そのうち二匹だけ近くのレストランに持っていき、女性シェフに料理をお願いした。

タマネギとトマトを鍋に入れ油で炒めてから、魚二匹を丸ごと放り込む。そこにコリアンダーとカルド（魚の汁）と店オリジナルの調味料（トマトベースに、野菜やうま味調味料が入っている）を加えて煮込む。

ものの十分で完成したのは「スダード」というペルーでは最も一般的な魚料理で、ブイヤベースみたいなものだ。不思議なことに、陰鬱な迷彩色だった魚は目にも鮮やかな赤紫色になっていた。ペヘサポは加熱すると色が激変するのだ。

食べてみると美味。くせのない白身の肉は普通に美味いが、なにより顔、尾ひれ、吸盤の部分が味わいどころ。ぷるぷるしたゼラチン質で、口の中でとろける。この部分はコラーゲンが豊富で美容にいいとペルーの女性にも人気だという。コラーゲン信仰は世界的なものらしい。

本当はこの魚汁をご飯にかけて食べるそうだが、本日はダブルヘッダーなので我慢。残りの魚を持って、今度は和食レストラン「イケド」へ。ここで料理をお願いしたのだ。

意外なことにペヘサポは店のメニューにのっていた。ただし、オーナーシェフの池戸さん曰く、「大きいのはなかなか手に入らない」。私たちの持ってきたものも「子供」だそうだ。

登場した料理は見事の一言。醬油ベースに味噌をさじ一杯分、ニンニクと生姜を混ぜてから、ごま油と片栗粉を加え、しいたけやネギと一緒に二、三十分ふたをして煮込む。要は「甘くない煮付け」である。醬油のおかげで魚は赤紫色ではなく重量感のある暗褐色。

見かけも味もさっきの魚と同じとは到底思えない。こちらは日本に昔からいる魚のように思える。ただ、どちらもゼラチン質がしっかり味わえるのは同じ。池戸シェフは「鮟鱇《あんこう》に似てますね」。なるほど。

名前はカエル魚で、見かけはサンショウウオ。キッチングッズのような吸盤がつき、自力で取り外し可。加熱すると赤くなり、味は鮟鱇でコラーゲンが女性にも人気。まさに妖怪変化の魚だった。

謎の原始酒「口嚙み酒」を追え！

二〇一七年の夏、約二十五年ぶりに南米に行った。最大の目的は「口嚙み酒」だった。酒というのはわかりやすく言えば、糖分が酵母菌に分解されたものである。果汁やサトウキビの汁、ヤシの樹液など、初めから糖分が含まれている液体なら、その辺に野生の酵母はいくらでも存在するので、条件さえ合えば放置しておいても酒ができる。

だが、穀物やイモ類には糖分が含まれていないため、そのままでは酒にならない。そこで、人類は二種類の方法を編み出した。一つは麦芽や麴菌といった、でんぷんを分解して糖分をつくる物質を使用すること。糖分ができれば、あとは酵母の働きで酒になる。ビールや日本酒はそのような仕組みでつくられる。

もう一つの方法は穀物やイモ類を口で嚙む方法。唾液に含まれるアミラーゼという酵素がでんぷんを糖分に分解する。すると、あとは同様に、自然に酵母が働いて酒になる。これが口嚙み酒である。

この酒造り方法は古代には世界中にあったと言われており、文献にも「原始的な酒の造り方」とよく書かれている。日本でも八世紀に書かれた「風土記」に米を嚙んで発酵させるという記述があるそうだ。そもそも発酵を表す「醸す」という言葉は「嚙む」に由来するという説もあり、ならば、ある意味では、口嚙み酒が日本の酒（発酵）文化の原点だともいえる。

意外なことに、沖縄では二十世紀半ばまで口嚙み酒が存在したという。焼酎の泡盛とは別に、神様へのお供え用の酒として米を嚙んで発酵させていた。私の知人である宮古島出身の女性も、「おばあちゃんにその話を聞いたことがあります」と語る。

「マサト」を求めてアマゾンの村へ

口嚙み酒は最近、大ヒットした映画「君の名は。」に登場し、有名になった。主人公の女子高校生が先祖代々の巫女という設定で、儀式の際、米を嚙んで唾液とともに器にそっと吐き出すというシーンがあるのだ。もちろん現代日本に口嚙みをする巫女などおらず、これは純粋なフィクションなのだが、ロマンチックかつ官能的で、話題になったようである。

では、いったい、現代に口嚙み酒を造っている人たちはいるのだろうか。私が調べたかぎりでは、南米のアマゾンにしかいないようだ。ただ、アマゾン上流部ではさまざまな先住民が口嚙み酒を造って飲んでいるらしい。現地ではこれを総称し、「マサト」と呼んでいる。

私は探検家・関野吉晴さんの紹介で、ペルー・アマゾンに暮らすマチゲンガという先住民を訪ねることにした。彼らもマサトを愛飲しているという。

マチゲンガの人たちが暮らしている地域は現在「マヌー国立公園」となっている。アンデス山脈の東斜面を下りたところにあるので、私もまずはインカ帝国の首都だったクスコに入った。そこからマチゲンガの村に行こうとしたら、思いがけない事実が判明した。そのエリアは最近規制が厳しくなり、正式な入域許可がないと入れないというのだ。

結局、ガイドのエドと相談した結果、許可なしで行けるエリアで取材することにした。エドは以前、二年間、マヌー国立公園でパトロール隊員として働いていて、「マサトは今でも、どこでも飲んでいるから大丈夫」と請け合った。

標高三千四百メートルの高地から、二日かけてバスを乗り継いで山を下り、アマゾンの町に到着。すると、今度はさらに衝撃の事実が判明した。地元の先住民の人たちが言うに、「今どき、口嚙みでマサトを造っているところはないよ。どこももっと近代的な方法で造っている」。

なんと！

昔は本当に処女が造っていた口噛み酒

「マサト」と呼ばれる口噛み酒を求めてアマゾンにたどり着いた私は、「今はもうマサトを口で噛んで造らない」という衝撃の事実を知らされた。サトウキビなどを混ぜて発酵させるという。

一瞬、ショック死しそうになったが、造り方を知っている人はまだ存在するはず。探してみたら、ワチペリという先住民の村のテオフィラさんという村長夫人が知っているとわかり、特別に頼んで造ってもらえることになった。先住民の村長といっても、今では町に家をもっており、雑貨屋を経営していた。二人は週末になると、村へ帰って、農作業をしたりするらしい。早速、翌日私たちは車で約一時間のところにある村へ行き、口噛み酒を見せてもらうことにした。伝統文化に詳しいフリアンという年配の村の人も同行してくれた。

マサト造りはまず、原料であるキャッサバを調理することから始まる。テオフィラさんはマチェテ（山刀）で細長いイモを手際よく切り、皮を剝くと、よく洗ってから二つの鍋へ分けて入れた。分けたのは、マサトを二つの方法で造ってもらうためだ。すなわち、伝統的な口噛み式と「近代的」な方法である。

茹でたキャッサバをつぶしたマッシュポテト

途中まで、手順は同じだ。それぞれの鍋に水を注ぎ、屋外におこした焚き火にかける。三十分ほどで煮えた。この煮汁を捨てると、ホカホカのイモが茹で上がる。この茹でたては日本の焼き芋のようで、甘くて、実に美味しい。イモは杵《きね》のような棒で丹念につぶし、マッシュポテト状態にする。すでになかなかの重労働だ。

この間にテオフィラさんに話を聞く。恰幅《かっぷく》はいいが、ふだんは町で雑貨屋を営んでいるだけあって、どことなく垢抜けている。顔つきや柔らかい口ぶりがタイ人に似ており、なんだかチェンマイ辺りのおばさんと話しているような錯覚に陥る。

五十八歳の彼女曰く「つい五、六年前まで口嚙みでマサトを造っていたのよ」。また「口嚙みの方が他の近代的な方法より美味しいいし、長持ちする」とも言う。

現在、五十六歳のフリアン先生によれば、「昔はマサトを飲む機会が二つあった」という。一つは祭り、もう一つは漁。後者は大勢の人の協力を得ないとできない。特にかつては毒を流して魚をとる漁法だったので、一家族が勝手にやるわけにはいかなかった。

先生が五、六歳の頃は、口嚙みは「本当に処女しかやることが許されなかった」という。それも歯がきれいな（虫歯などがない）娘だけ。要するに、口嚙みをする人が若くて健康であるということは、飲む側の嗜好もさることながら、酒自体が衛生的だということらしい。そして、娘たちは自分で造った酒を直接、男たち（酒を飲むのは男のみ）に注いで回った。

ワチペリ族の人たちは、酒を飲む前に即興で歌をうたう習慣があるという。天気のことでも狩りのことでもなんでも思いついたことでいいが、このとき何か困っていることがあれば、それも歌にする。「酒をたくさん飲んで吐き出すように、自分たちの悩みも吐き出す」そうだ。いわゆる〝飲みニケーション〟がもっと高度に様式化されているのだ。

そんな話をしているうちに、いよいよ口嚙みである。テオフィラさんはまず「口の中をきれいにするため」と言い、ひとしきりサトウキビを嚙んだ。水で口をすすいだりしないのが面白い。そして、イモを嚙み始めた。

私のイメージでは、「君の名は。」のヒロインがやっていたように、イモの一部を楚々として嚙み、そっと鍋の中へ落とすというものだったが、現実は全然ちがった。というより、度肝を抜かれた。

「なんじゃ、これは！」

リアル〝口噛み酒〟の凄まじい迫力

アマゾンの口噛み酒の続き。アマゾン先住民の村長夫人が口噛みを始めたのだが、それが凄いの、なんの。

マッシュ状のイモをまんじゅう程度の塊に丸めると口にぎゅうぎゅう押し込み、猛烈な勢いでバクバク食べるように噛むのだ。まんべんなく噛み終わったら、べえっと鍋の中に吐き戻し、次の塊を口に押し込む。テオフィラさんの額に汗がにじみ、流れ出す。

太ったおばさんが鍋の前にどっかと座り、汗だくになって次から次へとまんじゅうをがっついている（ように見える）。何かに似てると思ったら、「大食い大会」だった。

「君の名は。」では、巫女の噛んだ米が液状にとろっと流れ落ちていたが、実際にはそれもありえない。唾液にそこまでの水分はないからだ。米とイモでは若干ちがうにしても、液状ではなく、きめの細かいペースト状になる。だから吐き出すと、鍋の中にボタッと落ちる。

ロマンチックさは皆無。だが、別の意味で官能的だった。人がものを食べて吐くとは、極度にプライベートな行為であり、たとえ相手が還暦近い女性であっても「俺、こんな間近で見ていいのか」と妙なドキドキ感に襲われる。もし若い娘がやっていれば、「肉食系セクシー女子」として異様な興奮をそそられるかもしれない。

もう一つ予想外だったのは、てっきり一部のイモを嚙めばいいと思っていたのに、実際には全てのイモをまんべんなく口に入れることだった。どうやら、酒を造るには大量の糖分が必要であり、そのためには大量の唾液を必要とするらしい。嚙んでは戻すという、まるで牛の反芻《はんすう》みたいな作業が延々と三十分も続き、やっと鍋一つ分が終わった。

キャッサバを嚙んでは戻すテオフィラさん

……と思いきや、一休みして、テオフィラさんが意を決したように、また鍋の前にどかっと腰を下ろした。なんと再開！　しかも、さっきはまだ遠慮していたんじゃないかという徹底ぶり。

まんじゅうの塊を崩して、もっと小さな塊を口に入れ、飲み込む寸前くらいまでくちゃくちゃと音を立てて咀嚼してから吐き出す。指についたイモのかすも丁寧にペロペロしゃぶってから、ペッと吐く。

テオフィラさんから少し離れたところに座っていたガイドのエドも「ケ・ロコ！（マジ、すげーよ！）」を連発し、驚きを隠さない。彼は先住民の村を巡回するという生活を二年も続けていたから幾度となくマサトを飲んでいるが、造っている場面を見たのは初めてだという。男は基本、飲むだけなので、裏方の場面に立ち会わないらしい。

私は何と言っていいかわからず、「ムーチョ・トラバッホ（大変ですね）……」とあまり意味のない言葉をかけたら、テオフィラさんはこちらを見てニコッと上品に微笑みながら、口の中のイモをべえっと吐き出した。その異様さといったら、ない。

第二ラウンドが十五分ぐらい過ぎると、イモはいたってなめらかなスライム状になった。たぶん、二、三割は彼女の唾液じゃないか。

これでようやく口嚙みが終了。テオフィラさんは流れる汗をタオルでぬぐった。純然たる肉体労働であった。

いっぽう、「近代的な製法」をフリアン先生が見せてくれた。こちらは至って簡単。サトウキビを板の上にのせて石で叩いて潰し、流れ出る汁を板の下においたバケツで受ける。五百ミリリットルくらいの汁がたまると、あとはマッシュポテトに混ぜるだけ。サトウキビの糖分が酵母菌によって分解され、全体が発酵するのだ。しかし、こちらは全工程が五分程度。口嚙みと比べると、普通の味噌汁とインスタント味噌汁以上に手間がちがう。まさに「即席マサト」だ。

だが、私にはこの後さらなる難問が待ち受けていた。

太平洋を渡った「口噛み酒」

さんざん噛んで吐いて、仕込みは完了したが、問題はこの後だ。万事につけて計画性のない私は、噛んだイモが酒に発酵するまでの時間をまるで考慮していなかった。他の取材にも時間をとられており、明日にはここを発ってアンデス山地のクスコに戻らなければいけなかった。

やむをえず、町でプラスチック容器を二個買い求め、二種類のイモ・ペーストを詰めた。発酵させながら旅を続けるのだ。

テオフィラさんによれば、「三日目から飲める」とのことだが、それはあくまで高温多湿のアマゾンでの話。標高三千メートル以上のアンデスでは、一日の平均気温はここより十五度以上低く、湿度も気圧も低い。要は環境が全然ちがうのだ。

二つの容器を別々にビニール袋で厳重に包み、丸一日かけて三千数百メートルをバスで登って、クスコに戻ったが、仕込んでから三日が経っても、少しピリッときただけで酒からはほど遠い。というより、ピリッときたのは腐敗の刺激じゃないのか。私の不安ばかりが発酵していく。

結局、クスコ滞在では発酵せず、首都リマまで飛行機で持ち帰ったが、イモのペース

濾過した酒はトロリとしてヨーグルトのよう

トは若干酸っぱさが増しただけ。そして帰国日を迎えた。

なんとこの正体不明な唾液ペーストを日本に持ち帰ることになってしまった。おそらくアマゾンの口嚙み酒が太平洋を越えるのは史上初であろう。もっともまだ酒じゃないし、これから酒になるかどうかもわからないのだが。

十八時間後、成田空港に到着。税関で申告すべきかどうか考えたが、まだ酒ではないし、かといって、生ものを持ち込んでいるわけでもないので（イモは調理済みだ）、必要ないと判断。そのまま自宅に持ち帰った。

ブツの入ったビニール袋を開けると、気圧の変化で、容器が破裂し、唾液ペーストが袋いっぱいに飛び散っていた。慌ててスプーンと手でそれをかき集めた。

「何それ？」と妻が訝しげに訊くので、「アマゾンのおばさんがイモをぐちゃぐちゃ嚙みまくったもの」と簡潔に説明すると、心底嫌な顔をされたが、私が外国からへんな食べ物を持ち帰ってきたときはいつもこんな感じだ。気にしないようにして、冷蔵庫にしまい、日中はベランダに置いて日に当てた。なんだか、生き物を育てているようだ。

私の献身的な世話のおかげか、だんだん酒粕のような甘い香りがしてきた。とくにサトウキビで仕込んだ方が匂いが強い。でも、味はヨーグルトからあまり進化していないように感じる。ただ、腐敗ではなく乳酸発酵が進んでいるのは間違いなさそうだ。イモ・ヨーグルトになっただけかもしれないが、せっかくなので試飲会を行うことにした。

帰国して一週間後。文藝春秋の編集者二名、友人である明大教授の清水克行さん、そして検分役として、関野吉晴さんを呼んだ。なにしろ、私たちは誰も本物の口噛み酒を飲んだことがない。判断できるのは、経験者である関野さんしかいない。

二種類のどろどろしたスライムを参加者の人たちは薄気味悪そうに見ていたが、関野さんは口噛みの方の匂いを嗅いで「うん、こんな感じ」と一人頷いている。え、もしかして、酒になっている？

関野さんの指示でこれを「酒」にする。ザルにイモ・ヨーグルトを一部入れる。私が上からペットボトルの水をゆっくりとかけ、関野さんが手で揉むようにかき混ぜる。すると、繊維質がザルに残り、下のコップにはヨーグルト・ドリンクのようなベージュ色の液体がたまっていく。

五人分がとれたら、みんなでコップを掲げ、乾杯。

さて、そのお味は⁉

口噛み酒は「文明酒」だった⁉

ついに口噛み酒（かもしれないもの）を飲む。

どろどろとした液体が口の中に流れ込む。アマゾン先住民女性の唾液とイモと私の努力の混じり合った逸品だ。味は……ヨーグルト・ドリンクにちょっとアルコールが混ざった感じ。臭みは不思議なほどない。薄いマッコルリのようでもある。アルコール度数は一％あるかどうか。

「懐かしい。匂いも味もまさにこれ」と関野さんは満面の笑みを浮かべた。

おお、奇跡だ！　アマゾンで口噛みした酒の素が太平洋を越えて運ばれながら、アマゾンの村と同じ酒になっていたのである。

清水教授も「ヨーグルト・ドリンクみたい」とホッとした様子。文藝春秋の二名の女性編集者のうち、Ｉさんは「イメージより飲みやすいし、美味しい」と明るく答え、Ｓさんは「小学生のとき吸っていたグレープフルーツ味の禁煙パイポの味そっくり」と謎な回答。でも美味しいということらしい。

しかし、こんな弱い酒でアマゾンの人たちは酔えるのだろうか？　関野さんはこう説明する。「カヌーいっぱいに酒を造るんだよ。それをひたすら飲む。食べ物はない。一晩徹夜は当たり前で、二日目もある。なくなるまで飲む。人が何人も乗れるカヌーを容器にして、そこにあふれるほど酒を造って、飲み干す。要するに莫大な量を飲むわけだ。酒を飲むのは男性だけだが、女性はザルで濾した残り滓を食べるから、同様に酔うらしい。男性は太鼓を叩いて踊り、女性は円陣を組むようにして踊るという。

「ピューッと吐く」を実演してくれた関野さん（右）

「で、突然、ぶっ倒れて寝ちゃって、起きるとまた飲み始めるんだ」と関野さん。ちなみに、飲み過ぎて吐くときは「オエッ、じゃなくて、水平にピューッと吐くんだ。物理的に口まで酒があふれ出てくるから」。

続いて、サトウキビ汁を加えて「近代的な方法」で造った酒を試飲。こちらはツンと来る匂いで、味も硬く、やや苦みがある。ただし、アルコール度数はこちらの方が若干高そうだ。

「これはちょっとちがうな」と関野さん。清水教授も「なんだか青臭いですね。口嚙みの方がよかった」。Iさんは「ホエイ（乳清）みたい」、Sさんは「ビターな感じ。口嚙みの方が果実寄り」とのこと。

総じて口嚙みの方が評価が高い。やはり伝統的な製法の方が美味いのだ。ただ、あまりに手間がかかるし、アルコール度数は近代方式の方が高い。要するに手っ取り早く造って、手っ取り早く酔っ払える。近代的とは「味の質」よりも「時短」を優先することなのかもしれない。前から思っていたことだが、それは進歩でなく退化じゃないのか。

さて、口噛み酒とは一体何なのか。本当に「原始的な酒」なのか。私はちがうと思う。なにしろ、こんなに不自然な造り方をする酒はない。

果実酒は放置しておけばいい。ビールや日本酒も、偶然、麦芽や麴が入ったのを人間が発見するというのは容易に想像できる。でも、大事な食べ物をあれだけ丁寧に嚙んでから吐き出し、それを三日も放置しておいたら酒になっていたのを偶然発見した……なんてシナリオは全く想像できない。

一つ、可能性として考えられるのは、もともと神様か祖先の霊への儀式が先立っていたのではないかということだ。今でも食べ物はちゃんと調理してお供えする。かつては、調理だけではなく、人間が「嚙んであげた」ということもあったのではないか。ときに母親が赤子にそうするように。それをお供えしていたら、数日後に酒になっているのを発見したというシナリオはどうだろう？

つまり、口噛み酒は儀式から生まれた。他の酒が生活の中で自然に生まれたと想像するなら、そっちの方が原始的であり、口噛み酒はもっと文明的な酒ではなかろうか。ただ、文明的な酒は造るのがすごく面倒くさく、他の方法による酒造りが発見された（伝わった）ら、これ幸いと便利な方に乗り換えたのではないか。これが私の推測なのである。

時空を超える幻覚剤ヤヘイ

南米のアマゾンにヤヘイ（またの名をアヤウアスカ）と呼ばれる幻覚ドリンクがある。先住民の呪術師が用い、これを飲むと、何十キロも離れた人とテレパシーで交信したり、未来を見たりすることも可能だとされる。

ここには先住民の世界観が深く関わっている。彼らによれば、世界は「この世」と「あの世」からできている。「あの世」は世界の源であり、過去・現在・未来や距離の遠近を超えた完全な時空を保持する場である。ふだんは行き来のできない二つの世界をつなぐのがヤヘイによる幻（ヴィジョン）だという。

コロンビア・アマゾンでフィールドワークを行っていた日本人の文化人類学者がすごい報告をしているのを本で読んだことがある（研究者の名前も、本の題名も思い出せない。誰か知る人がいたら教えてほしい）。

彼はヤヘイを飲んだあと、不思議な夢を見たという。「村に住む男性と女性が二人で朝、カヌーに乗って村を出て行く」という夢だ。それだけなら別になんともないが、妙なのはその二人は何も関係がなく、それぞれ妻と夫がいることだった。夢を見た数日後、その男女は村をカヌーで出奔《しゅっぽん》した。実は不倫カップルであり駆け落ちしたとのことだった。つまり、その研究者はヤヘイで未来を見たのだ。

すごいではないか。時空を超える体験ができるなんて。そう思って、当時大学生だった私は単身、コロンビアへ渡った。首都のボゴタからバスを乗り継いでアマゾンの町まで行き、そこから先は、地元の漁師を雇ってボートでアマゾンの支流を丸一日かけて下り、セコヤという民族の村へ着いた。

木造の家は高床式で、住民は男女とも、頭からすっぽりかぶるマタニティドレスのような貫頭衣《かんとうい》を着ていた。顔は日本人そっくりで、髪はこれまた男女とも長く伸ばしている。まるで邪馬台国に来たみたいだった。

彼らはすでにキリスト教を受け入れており「ヤヘイはやめた」と言っていたが、私が頼み込むと、かつて呪術師だったグリンゴという中年男性が特別に作ってくれることになった。

ヤヘイを運ぶ、お化粧した呪術師

朝、ヤヘイ探しに出発しようとすると、グリンゴはいそいそと化粧を始めた。唇に黒い口紅（?）を塗り、頬に赤い線を入れている。髪はロングのストレートでマタニティドレスだから、女装をしているようだ。ヤヘイの儀式を行うハレの日は男子もおめかしするらしい。

村の裏手の森を、グリンゴはドレスの端を指で持ち上げ、裸足でスタスタ歩く。十分ぐらい行くと、一本の高い木に太い蔓《つる》植物がぐるぐると迷路を作るかのように梢まで巻き付いていた。「ヤヘイだ」とのこと。見ているだけで幻覚を起こしそうだった。

グリンゴは長さ一メートル、太さ三センチ程度の蔓を数本切り取った。さらに、帰りに別の蔓植物や木の葉や根っこを集めた。

午後も遅くなってヤヘイを作り始めた。蔓は叩いてほぐし、葉っぱは手でちぎってもみほぐす。それを大鍋にぶちこんで、薪の火でぐつぐつ煮る。二時間ほどして日暮れになると鍋を火から下ろした。汁は一リットルほどに煮詰まっていた。一見、ただの泥水のようだ。

儀式が始まったのは夜八時頃である。場所はグリンゴの家の脇にある小さな小屋。

グリンゴは丼ぐらいの大きさの椀に液体を注ぎ、呪文のようなものをブツブツ唱えた。次に木の葉を束ねたものをカサカサとお椀の上で振る。神主のお祓いのようだ。終わると、お椀をこちらに差し出し、「グッと行け」と目で合図した。

口をつけたら強烈に苦い。量もけっこうある。胃にもこたえたが、我慢して二十口くらいでようやく飲み干した。

三十分ほど経ったころだろうか、「何かがおかしい……」と感じた。

ハンモックで「千年の旅」

苦い汁を飲み干して三十分ほどすると、だんだん気分が悪くなり、動悸がしてきた。目が回り、手足が痺れる。やがて、目の前でチカチカと星が飛びはじめ、気が遠くなりかけた。

だんだん自分がどこで何をしているのかわからなくなってきた。バンコクにいると思ったり、いやインドだと思ったり。完全な譫妄《せんもう》状態に陥った。高熱を出しているときにも似ている。

床に体を横たえると、少し楽になった。同時に、目の前に赤や青の鮮やかな光がピュンピュン飛び始めた。無数の光り輝く小人が鉄棒で大回転をやり、ものすごい勢いで曲芸を行う。

それからもいろいろな映像を見たが、それらは決して「幻覚」ではない。目を開けると現実に戻るからだ。ヤヘイは幻覚剤じゃなく「夢見薬」なのだ。でも、眠っているわけでもないのでやはり「幻（ヴィジョン）」と呼ぶのが正しいのか。しかし、音も感触もあまりにリアルで、とても幻とは思えない。

私は、あるときはロケットになって凄まじい勢いで宇宙に発射された。飛ぶ感覚と、

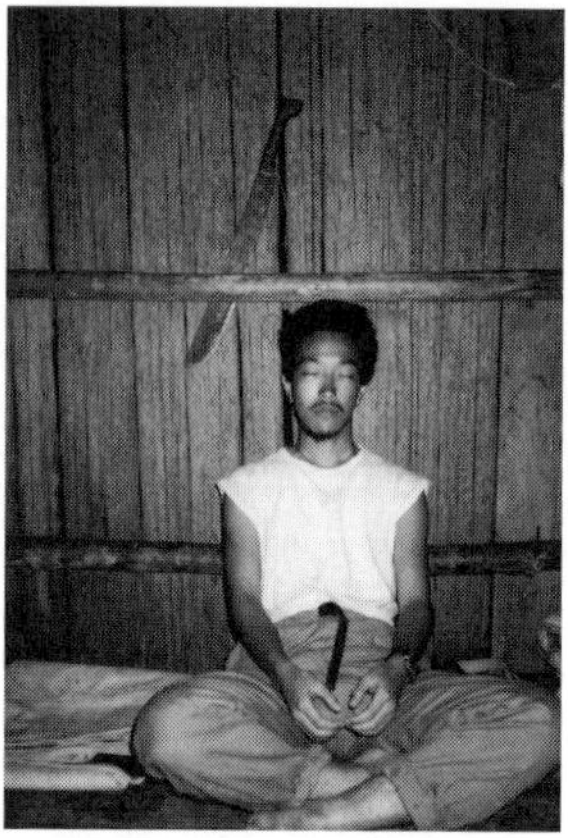

ヴィジョンを見ている筆者

ジェットコースターで奈落の底に落ちる感覚がまざり、強烈なエクスタシーである。また、あるときは幼い子供に戻っていた。昔の実家の庭にいて、芝生や雑草の手触りや匂いまで感じられる。

　無数のイメージが次々と現れるが、記憶が寸断されるようで一瞬前のことが思い出せない。だからここに書いているのも、わずかに覚えている断片である。

「ハンモックがいい」と、不意に声がした。私は幻から抜け出し、グリンゴの手助けでハンモックに寝そべった。ゆらゆら揺れるハンモックに乗ったまま、ふわっと浮かび上がり、どこかへ飛んでいく。

　ハンモックで長い長い旅をした。意識がぶっ飛んでいるので詳しいことは思い出せないのだが、深海をさまよったり、世界の果てみたいな土地をぐるぐる回ったことは覚えている。『アラビアンナイト』や『源氏物語』のような、物語の世界も通った気がする。

　ほんとうに長い旅だった。人は眠って目が覚めたとき、「あ、だいたい六時間ぐらい寝たかな」などと感覚でわかる。私はこのとき「千年」と感じた。うたた寝している間に五十年の人生を過ごした「邯鄲《かんたん》の夢」どころでない。

ふと目覚めると、小さな小屋のハンモックに寝ていた。時計をみたらヤヘイを飲んでからたった一時間しか経っていない。「あの千年が一時間なんて」と思うと、あまりの悲しさで、さめざめと泣いてしまった。きっとグリンゴが見ているだろう、恥ずかしいという冷静な判断力はあったのに、涙が止まらない。

千年の旅から帰還したあと、急激に気持ち悪くなった。ふらつく足で外に出て、茶色い液体を吐いた。ヤヘイを飲むと、最後は必ず吐くらしい。吐くと気分がすっきりして幻も見えなくなるが、とても心地よくなる。手足の先から内臓までが「一体感」に包まれ、気持ちよく物思いにふける。いつの間にか、うとうとし始め、気づくと辺りは明るく、鳥の鳴き声が聞こえた。朝だった。

これが私のヤヘイ体験である。時空を超えたかどうかは、正直よくわからない。具体的に誰かと交信したり未来が見えたわけではない。

でも、アマゾンの人たちがヤヘイを飲むのはわかる気がする。あの世に行って、帰ってくるという「リセットする」感覚がたしかにある。心身が辛いとき、現実を相対化させることは重要なんじゃないかと今でも思っている。

[文庫版スペシャル] クルドの新年祭は生の羊肉がよく似合う

トルコ東部の〝クルディスタン〟(クルド人居住域)に「チーキョフテ」という不思議な料理がある。牛肉や羊肉のミンチを玉ねぎやハーブ類と一緒に練り込むところはハンバーグによく似ているが、なんとチーキョフテは加熱調理しない。ハンバーグのタネをそのまま食べるような感じだ。

中東で生肉料理など他に聞いたことがない。ましてやチーキョフテを名物とするシリア国境付近の町シャンルウルファは夏には最高気温が四十度にも達する内陸部の半砂漠だ。どうしてそんなところで生肉料理が生まれたのか謎である。

そのせいだろう、チーキョフテには真偽の不明な伝説がつきまとっている。ある英語のガイドブックには「夏場に食べると確実に腹をこわす」と書かれていたし、イスタンブルのトルコ人(クルド人)は「シャンルウルファでは肉をこねるとき壁に投げるらしいよ」と笑った。

外国人旅行者が腹をこわすのはともかく、壁に投げるとは何だろう? 意味が全くわからない。

私は前々からこの珍妙なクルド料理が気になっていたが、現地ではついぞ食べる機会がなかった。そこで一度、中東料理研究家のサラーム海上さんに頼んで一緒に作ってみたことがある。実際に手作りしてみると——聞きしに勝るヘンな料理だったが——思いがけず美味しかった。

美味しかったのだけど、やはり本場のクルドの人たちが作るチーキョフテを食べてみたいという思いも消えなかった。中華料理だってやはり本場の中国人が作ったものと日本人が作るものは微妙にちがうのが常だ。

「壁にぶつけて作る」なる伝説も謎のままだ。本場の人なら知られざる真相を知っているかもしれない。

三月二十日の春分の日、私の悲願が思いがけない形で叶うことになった。

昼と夜の割合が同じになるこの日は、クルド人の暦で新年にあたり、「ネウローズ（Newroz＝新しい日）」と呼ばれ、トルコのみならずイラク、イラン、シリアなどに分散するクルドの人々が盛大に祝う。

日本でも埼玉県の蕨市などを中心にトルコ出身のクルド人が数千人暮らしており、「蕨市のクルディスタ

スパイスたっぷり、「シルクロード」を連想させるエキゾチックな味

ン」を縮めて「ワラビスタン」などと一部で呼ばれるほどだが、毎年蕨市内の公園でネウローズのお祭りを行っている。

しかし今年（二〇二〇年）は新型コロナが発生し、お祭りは中止となった。しかたなく、日本で唯一のクルド料理店「メソポタミア」では、店のオーナー家族が親しい友だちとひっそりと祝うことにした。そして、そのクルド式正月料理の一つとしてチーキョフテを作るというのだ。オーナーはシャンルウルファに近いガジアンテップという町の出身で、やはりチーキョフテをソウルフードのように愛しているという。

日が暮れた頃、埼京線の十条駅前にあるお店に行くと、オーナーのワッカスさんがにこやかに迎えてくれた。ワッカスさんはもともと言語学者で、レストラン経営のかたわら東京外国語大学でクルド語講座を受け持っている。民族にとって言語と食は最も重要な要素だから、その二つを司るワッカスさんは在日クルド人社会のリーダー的存在と言える。私は以前、ワッカスさんにトルコ語を少々習ったことがあるので、旧知の間柄だ。

料理が始まる前に、ワッカスさんとその友人であるアイディンさんにネウローズについて聞いた。

実はイランでも「ノウルーズ」と言って、同じように春分の日に新年のお祝いを行う。クルド語とペルシャ語は同じインド・ヨーロッパ語族のイラン語派に属し、したがってクルド人とイラン人（ペルシャ人）は民族的にごく近い関係にある。

イランとクルドでは祝い方は同じなのかと訊ねると、ワッカスさんたちは言下に「全然ちがいます」と答えた。

「イランではただの新年のお祭りだけど、クルド人にとっては独立の記念日なんです」

独立⁉

クルド人はトルコにおいて長らく存在を否定されていた。「クルドは民族ではなく〝山のトルコ人〟だ」というのがトルコ政府の公式見解であり、同時に公の場でのクルド語の使用やクルド語教育も禁じられてきた。

差別や偏見に対抗するため、クルド人の中から反政府武装勢力も現れ、政府による弾圧はなお酷くなるという悪循環がくり返されてきた。今ではEUの強い圧力からクルド民族の存在は認められるようになったが、依然として差別は解消されておらず、多くのクルドの人々は「クルディスタンの独立」を求めている。

クルディスタンを何度か旅している私の感触ではクルド人の十人中八、九人は独立論者だ。「独立」の意味合いは人によって異なり、トルコからの完全な独立を求める人もいれば、イラン・イラク・シリアのクルド人居住域と合併して大クルディスタンを夢みる人もいる。もっと現実的にトルコ内での「自治」を求める人もいるが、いずれもトルコ政府が決して許さないことであるのは同じだ。

だから、「独立の記念日」と聞いて、今日は政治的な催しなのかと一瞬ハッとしてしまったのだが、よく聞けば全然ちがった。「昔栄えたメディア王国の独立記念日」というのだ。

クルドというのはひじょうに古い時代から今の場所に住んでいる民族だとされているが、学者によると起源は諸説ある。ただ、当事者であるクルド人の間では、紀元前七世紀にイラン高原から地中海まで支配したメディア王国のメディア人が直接の祖先だと信じられているらしい。

ワッカスさんは、クルドの人たちなら誰でも知っている「ヘシンワール・カワ（鍛冶屋のカワ）」なる伝説を教えてくれた。

クルド人（メディア人）は初め、アッシリア帝国の支配下にあったが、その皇帝が悪魔にそそのかされてクルド人に圧政を敷いて苦しめた。そこでクルド人はカワという鍛冶屋の男を中心に蜂起し、アッシリアの軍隊を打倒した。そのとき、彼らは松明《たいまつ》の火を盛大に点し、山に隠れていた子供たちに蜂起成功を知らせた——。

ワッカスさんたちはこれを「事実」と言う。

「クルド人はオスマン帝国やアラブ人の侵略で文字の記録を全部失ってしまいました。だから、口で伝えるしかなかったんです」

鍛冶屋のカワの話が事実かどうかは確かめようもないが、クルドの人たちがこのメディア人のアッシリアからの解放とそれに続くメディア王国独立を、現在の自分たちの

「独立」と重ね合わせているのは間違いないだろう。

それ故、クルドのネウローズは長らくトルコ政府から禁止され、西暦二〇〇〇年に解禁されるまで人々はこっそり行っていたという。

イランのノウルーズには細かいしきたりや特別な料理があるようだが、クルドのネウローズはもっとざっくばらんな庶民的なものらしい。

基本的にはみんなで集まってご飯を食べながら歌ったり踊ったりする。また、焚き火《とも》をたいてその上を飛び越えるという一種の縁起かつぎを行ったり、山へ登って火を点したりもするという。この「火」を神聖視する習慣は拝火教の異名をとるイランのゾロアスター教とも共通し、中東におけるインド・ヨーロッパ語族（アーリア人）の古い信仰の形をとどめているものらしい。

料理に関しては、「特別なものはありません。外でやるから肉（ケバブ）を焼くことが多いかな」とワッカスさん。

今日は屋内であるし、ワッカスさんたちの大好きなチーキョフテをお祝いに食べようということになったそうだ。

さて、いよいよチーキョフテ作りである。調理を担当するのはワッカスさんの友人で同じくガジアンテップ出身のムスタファ・ポラトさん。背の高いイケメンの若者だ。彼はクルドの伝統衣装で決めていた。頭には黒と白の格子模様のターバン、黒い腰巻き、そしてヤギの毛で織ったゆったりしたズボン。

さらに時節柄、両手にビニールの手袋をはめ、顔にはマスク。クルドとコロナ対策のコラボレーションとも言える奇妙な出で立ちだ。

お店の窓は全部開放。肌寒い風が容赦なく入ってくるが、三密を避けるためなのでしかたない。

クルド人は日本同様、靴を脱いで家にあがり、床に直接すわる。なので、今日も店の床に絨毯を敷き、そのうえで調理を行う。

面白いのは、「テプシ」というお盆のような金属の平たい器。底に細かい凹凸がついている。「これはチーキョフテを作るための道具です」とワッカスさん。専用調理器具があるとは思わなかった。やはり本場の人たちはちがう。

このテプシの中に、まずブルグル（二ミリくらいの大きさの小麦粒）、ニンニクのみじん切り、コショウ、シナモン、唐辛子粉、クミンを入れ、手で底に押しつけるようにして練り混ぜる。ときどき唐辛子粉入りの水をかけ、湿り気を与える。

五分後に、唐辛子粉入りの水をボウル一杯分入れ、さらに練る。この時点で味見すると、スパイスと穀物（生の小麦）のミックスでかなりピリ辛。

十五分ぐらいしてからようやく挽肉を投入。今日は牛肉である。

重労働に耐えかねてムスタファさんの片方の手袋が破れ、新しいものに交換。彼は味見しようとするが、口にはマスクをしているし、自分でマスクがとれないので、他の人にマスクを外してもらってから練り物を口に入れている。コロナ禍の最中に生肉ハンバーグを作るのはなかなかハードルが高い。

それにしても時間がかかる。ムスタファさんは額に汗を浮かべ、ひたすら食材をこねている。写真や動画を撮りながら見守っている私たちもさすがにちょっと飽きてきた。それを見透かしたようにワッカスさんが「クルディスタンではみんな、お酒を飲みながらやるんですよ」と言う。

クルドの家庭では料理はふつう女性の仕事だが、なぜかチーキョフテ作りに限っては男がやるものとされ、男だけが何人か部屋に集まり、一杯ひっかけながら、代わる代わる肉をこねるとのこと。今日は安全対策のため完全防護のムスタファさん一人に任せているのだった。

酒が入れば遊び心も生まれる。

「肉を天井に投げることもしますね。もし肉が天井にくっつけば何かいいことがあるってね」

そういうことか！　「チーキョフテは肉を壁に投げて作る」という伝説の正体はなんと「占い」だった。やっぱり本場の人間の考えることはよそ者には想像がつかない。

チーキョフテがどんなものか少しわかってきた。

世界には「みんなで集まって長い時間をかけて作る」料理が数多くある。私はそれを「コミュニティ料理」と呼んでいる。食べるだけでなく調理そのものがコミュニティの絆を深める。もちろんそれはお楽しみの時間でもある。日本での餅つきもその一つだろう。チーキョフテもそういう側面があるのだ。縁起担ぎの占いをしたり酒を飲んだり……。

しかし。ちょっと変だ。クルド人は保守的なムスリムでお酒はあまり飲まないと思っていたのだが……。そう言うと、ワッカスさんは「みんな、家の中では飲んでますよ」と笑った。

約二十分後、万能ネギのみじん切りを加えると、あたりに餃子の匂いがたちこめた。考えてみると、挽肉、ネギ、ニンニクが入っているから似ているのだ。小麦だってちゃんと使われているし。

作業開始からざっと三十分後、ムスタファさんは「はあ」と荒い吐息をついた。どうやら肉をこねるのは終わりらしい。そして、なにしろ加熱しない料理なので、これで完成。単なる肉と小麦粉とスパイスを練った塊である。私たちから見ると、ここから鍋で茹でるなり炒めるなりしたくなるので、「え、これで?」と言いたくなるが、おしまいなのである。

最後に練り物を片手でちぎり、手のひらでギュッと握り、細長い形にし、皿に並べる。

これだけだとやっぱりまだ調理途中に見えるが、レタスとレモンを添えると不思議に立派な料理に見えてくる。

いよいよ試食。口に入れると、柔らかくてハンバーグのタネそのままのようだが、生のブルグルがコリコリと歯に当たる。他にない独特の食感だ。これまで「生肉」にばかり意識が向いていたが、日本の牛刺し・馬刺しや韓国のユッケなど生肉料理は他にもある。むしろ「生の小麦」を食べる料理の方が珍しいかもしれない。

味自体はとてもスパイシー。唐辛子が効いているし、他にもクミン、コショウ、シナモンの効果も絶大で、どことなく「シルクロード」を連想するようなエキゾチシズムを感じる。

ワッカスさんたちクルドの人たちを真似て、チーキョフテをレタスに巻きレモン汁を垂らして食べてみる。焼肉をサンチュに巻いてタレにつけて食べている感覚にそっくりだが、味は全然ちがう。何もかもが生。

一見、とても野蛮な料理に思えるが果たしてそうだろうか。

チーキョフテを食べる地域は実は人類の文明が生まれた土地でもある。人類史上初の植物の栽培（小麦）も動物の家畜化（牛・羊）も、今から九〇〇〇年前～一万数千年前にチーキョフテ地帯周辺で行われたと現在確認されている。

文明の代償として、そのエリアでは森林は早い時期に失われていった。家を作ったり、煮炊きのために木を切っていったからだ。ワッカスさんによれば、「預言者アブラハムの時代、あまりに乾燥して木がないから生の料理（チーキョフテ）を作るようになった」という言い伝えがあるという。意外に本当なのかもしれない。野蛮でなく、文明が進みすぎた結果、肉も小麦も生で食べるという奇妙な料理が生まれたのかもしれない。

他の日本人の参加者にも感想を聞いてみた。

「美味しい。もっと肉々しいかと思っていたけど軽やか」という人もいれば、「焼く前の餃子みたい」とか「スパイスを食べてるみたい」と言う人もいた。たしかにスパイスのつなぎに肉と小麦が入っているようにも感じられる。

「お酒と一緒に写真撮らないと」とワッカスさんがギリシアの酒「ウーゾ」をもってくる。トルコではブドウの蒸留酒である「ラク」が有名だが、ウーゾも中身はほぼ同じだ。

「チーキョフテはいつ食べてもいい。ご飯の前でも後でも、午後のおやつでもいい。でもやっぱりいちばんいいのはお酒のつまみですよ！」

そして、このウーゾとチーキョフテは実によく合うのだ。強くて丸みを帯びた酒にスパイシーで軽やかな、でもワイルドな風味を残した生肉ハンバーグ。

これ以上ないほどの異国情緒を味わいつつ、大きく開け放たれた窓からは埼京線の踏切の音が聞こえてくる。

不思議なワラビスタンの新年祭なのであった。

おわりに

今から九年前、ちょうど東日本大震災の年に、私は諸事情から「主夫」になった。現代日本の主夫（主婦）にとって、家事の中で圧倒的に時間と労力をとられるのが料理である。学生時代にアフリカ・コンゴへ行ったことが「食ビッグバン」とすれば、主夫転身は私の「食セカンド・インパクト」とも呼べる。

それまでもっぱら「食べる側」にいた私は、今度は「作る側」にも回ることになり、食べ物や料理への興味が段違いに強くなった。

毎日、朝から晩まで、日々の献立、買い物、冷蔵庫の奥底に眠る食材の余命などが脳裏のどこかをぐるぐる回っているのだから当然だろう。

外国に行っても、変わった料理を見ると「どうやって作るんだろう？」とか「すごい手間だな、よくこんなものを作るな」などという疑問や感想をもつようになった。純粋に興味をそそられるだけでなく、あわよくば自分の乏しいレパートリーに付け加えたいという私的な欲にもかられる。取材にも熱が入るというものだ。

作り手の立場になると、食べる側にいただけでは見えなかったことが見えてくる。例えば、保存。冷蔵庫がない世界では塩、スパイス、そして発酵が利用された。それはときに、他の民族が見たら臭かったり異様な見かけになったりするが、当人にとっては合理的な食べ物なのである。納豆やチーズ、韓国のホンオやスウェーデンのシュールストレミング、広島県のわに肉（鮫肉）などがそうだ。冷蔵庫があっても食べ物をダメにしてしまう私からすると、世界の先人たちの工夫と努力には頭が下がる。

あるいは自然環境。辺境に暮らす人々は手に入る限られた食材でできるだけ美味しくて栄養のある食事を作ろうと努める。野生動物や虫、生肉食などがその例だ。

また、一般には手間を省きたいのが主婦／主夫の本能だが、冠婚葬祭やパーティなど、親族や仲間が集まるハレの日には特別なものを作って見栄を張りたいという気持ちも持っている。その場合、無理して手間をかけたり、珍しい食材を用意したりする。結果として、珍妙な料理ができあがることもある。コソボのフリアとかトルコの極小餃子、中国トン族の血豚やヤンビーなどがそうだ。

しかし、その方向性や手段は地域や民族によって大きく異なる。環境や歴史、食に対するスタンスもちがう。逆に言うと、食べ物からそれを食べる人たちが透けて見えるし、私たちから見て異常な料理・食品であればあるほど、その背後に深い意味があったりする。

それを探っていくことがたいへん面白い。

本書をお読みになったみなさんは、この世の中にはこんなものを食べている人たちがいるのかと驚かれただろう。

しかし、当然のことながら、これが世界の風変わりな食べ物の全てではない。というより、ごく一部にすぎない。

私自身、今まで食べた珍奇な食品や料理を本書に全部書いたわけではない。どんな料理だったのか味はどうだったのかもう忘れてしまったものも多々あるし、さしたるストーリー性がなくて連載原稿として書けなかったものもある。

そして、私にとって未知の奇妙な料理や食べ物や酒がこの広い世界にはまだたくさんある。今回の連載を始めてから、文献やネット情報をたどって各地の珍奇な料理の存在に気づいたし、また知人友人が「これ、知ってる？」と教えてくれるようになった。その度に「え、そんなものが本当にあるの⁉」と驚かされた。知ったからには食べに行かねばなるまい。

もはや、ヘンな食べ物探索は私のライフワークである。

とりわけ、気になるのは世界各地の伝統食品だ。それらは民族を映す鏡であるにもかかわらず、今現在、急速な勢いで姿を消しつつある。あるいは、形は残っていても、アマゾンの口嚙み酒やタイのネームのように、製法が「近代化」され、全く別物になろうとしている。

いまや世界中の多くの伝統食品は「幻」になりつつあるのだ。消える前に早く食べに行かねばと思う。いつか、機会があれば、また本書の続篇を書かせていただきたいものだ。

一つだけ注釈を入れたいのだが、私が何度もヘンな食べ物を探し求めてタイ東北部の田舎を訪れているのは、実は同じくノンフィクション・ライターである妻・片野ゆかの取材につきあったからである。一九九〇年代末から二〇〇〇年代にかけて、彼女が虫ピザやらおたまじゃくしやらを取材し、日本で発行されている「スーマイ・タイムズ」というタイ新聞に執筆していたのだ。私は当時、そのタイ新聞の編集をしており、彼女をそそのかしてそういう記事を書かせていただけでなく、一緒に現地へ行き、通訳や運転手を務めていた。だから、タイの食品については克明な記録と写真がちゃんと残っており、今回原稿を書くのに大変役立った。当時はハードなゲテモノイーターだった彼女に感謝したい。

最後になったが、文藝春秋の担当編集者である山本浩貴さん、笹川智美さん、曽我麻美子さん、装丁を担当していただいたアルビレオさんに御礼申し上げます。

謝辞

本書の取材・執筆にあたり、いろいろな方にお世話になった。

小泉武夫先生には鯨肉をたらふくいただいた他、各種発酵食品についてご教示いただいた。

広島県三次市「フジタフーズ」の藤田恒造さんにはわに（鮫）肉を、東京・大久保のタイ料理店「バーン・タム」のタムさんにはナマズ料理を、新宿・歌舞伎町の中国料理店「上海小吃」では虫やヘビなどの料理を、それぞれ快く取材させていただいた。

ネパールのカトマンズにあるレストラン「ムスタン・タカリ・チューロ」のオーナーであるミラン（Milan Raj Subedi）さんには水牛料理を、千葉大学大学院に在籍するハイダル・ラダー（Hidar Radar）君にはイラク料理を、カン・ビョンヒョクさんとキム・ジンホさんには韓国のホンオ（エイ料理）を、それぞれ案内していただいた。

ペルー取材においては、首都リマでは在ペルー歴五十年の藤井隆彦さんをはじめ、飯塚俊幸氏とマリーナ（Marina Noelia / Garriazo Atahua de Iizuka）さんのご夫妻、私の幼なじみである小林健一君と奥さんのパティ（Patricia Carol Shimabukuro Nakandakari）さん、ペヘサポ料理を作ってくれたレストラン「イケド」の池戸基《はじめ》さん、クスコでは

NaoTourの設立者である篠田直子さんとスタッフの大倉みどりさん、ガイドを務めてくれたエド君（Eduardo Huaynamarca）にそれぞれお世話になった。

また、探検部の大先輩である関野吉晴さんには口嚙み酒に関して全面的にご教示いただいた。

タイのおたまじゃくし料理はバンコク在住の秋山英樹さんとウイさんのご夫妻にお世話になった。中東料理研究家のサラーム海上さんにはトルコ料理を、料理研究家の枝元なほみさんにはキャットフード料理を作っていただいた。

清水克行さんにはへんな料理の試食会の度に参加していただき、日本中世史研究者の視点から独特な感想をいただいた。

そのほか、シュールストレミングの缶詰を空路で持ち帰るというリスクを冒して貢献してくれたスウェーデン在住の村尾佐和子さん、三次市までわに取材に付き合ってくれた月又光子さん、試食会を手伝ってくれたうえ貴重なコメントを寄せてくれた野崎洋子さん、笠井絹子さん、長島峰夫さん、長島まりこさん、「ちゅ〜るのカナッペ」を即興で作ってくださった枝元なほみさん、「ちゅ〜る」を貪る猫というモデル役を務めてくれた友人・佐藤圭作君の愛猫ハナちゃんにもお世話になった。

最後に、臭かったり気持ち悪かったりする食べ物を私が持ち帰る度に、微妙な顔をしつつも、冷蔵庫に入れることを許してくれた妻・片野ゆかと、それらを喜んで一緒に食べてくれた犬のマドにも感謝したい。

そして、現地でお世話になった全ての人々に感謝したい。
みなさん、どうもありがとうございました。

解説

サラーム海上

『辺境メシ　ヤバそうだから食べてみた』の文庫化にあたり、光栄なことに、解説の執筆を高野秀行さんから指名いただいた。

高野さんには2018年2月に下北沢の本屋B&Bにて開催した拙著『ジャジューカの夜、スーフィーの朝』(DU BOOKS)の出版記念イベント「俺たちが食べた中東うまいもの自慢(たまに音楽)」で初めてお会いした。

僕は1967年2月生まれなので、66年10月生まれの高野さんとは同級生にあたる。長らくワールドミュージックのDJ／音楽評論家として活動しているが、近年は興味と趣味がこうじて中東料理の本を出し、料理教室の講師を行い、中東料理研究家とも名乗っている。

多くの日本人が行きたがらないような世界の国や地域に出かけ、ネタを集め、日本に戻り、文章を書き、本にまとめて発表するということでは高野さんと僕の仕事は重なるが(要はグルメ作家?)、幸いにも肝心のネタが重なることはほとんどない。

それでも出版記念イベントでの会話が縁となり、翌月には本作の元となった『週刊文春』の連載コラム「ヘンキョウ探検家 高野秀行のヘンな食べもの」のためにトルコの水餃子マントゥを作るのを彼から依頼された。そして、同年の10月には早くも本作の単行本が出版され、僕はそこにも登場することになった。そして、「美形民族がこだわるトルコ極小餃子」、「耳かき作業で作るシルクロード食」を参照いただきたい。これまで出会った音楽アーティストや料理シェフたちなど他人をネタにして本を書いてきたが、他人の本に自分が登場するのはちょっと不思議な気がしたものだ。

それから2年、高野さんに再会する機会こそなかったものの、出かけたレストラン（「高野さん、昨日来てたのよ～！」）や共通の友人（「高野さんにこないだ会いましたよ～！」）を通じて高野さんを身近に感じる機会は近頃ますます増えてきた。

さて、そんなご縁がある『辺境メシ ヤバそうだから食べてみた』の単行本を、残暑厳しい9月上旬に久々に手にとった。そして、リビングのソファに寝転びながらページを開くと、3時間ほどで一気に読み終えてしまった。

やっぱりおもしろい！

酒の席のオヤジの与太話のような小文から（「激マズ！　怪しいインド人の納豆カレー」や「熊本で食べた生のカタツムリ」など）、食文化の知的冒険が味わえる連作（ペルーの「口噛み酒」やネパールの「水牛居酒屋」シリーズ）、さらに昆虫食や彼のライフワークと言える世界の納豆レポート、そして臓物や未消化物までぶちまけるハードコアな問題作（「トン族は『ヤギの糞のスープ』を食べる!?」や「サルの脳味噌、争奪戦」など）まで、彼の脳内逍遥ネタの宝庫なのだ。さんざん広げた風呂敷を幻覚剤ヤヘイ（アヤウアスカ）を求めてコロンビアまで足を運んだ学生時代の遠い思い出で閉じる構成も素晴らしい。

読み終えると、巻頭カラーページに登場するボロボロの野球帽を被った高野さんの顔が、まるでハリソン・フォードが演じるインディ・ジョーンズのように見えてきた……と言うのは錯覚か、褒め過ぎか？

ともあれ同じモノ書き（要はグルメ作家？）から見ると、高野さんの文章にはキラキラしたキャッチーなフレーズが溢れている。思えば、これまでの彼の著作は書名からして猛烈にトバしていた。

『謎の独立国家ソマリランド』、『謎のアジア納豆　そして帰ってきた〈日本納豆〉』、そして最新作は『幻のアフリカ納豆を追え！　そして現れた〈サピエンス納豆〉』だ。どれも眩しいほどに響きが良い！　ジョジョ風に言えば「そこにシビれる！　あこがれるゥ！」だ。

ソマリランドなんて国の名前を日本全国の本屋さんの平台で目にしたのはあの本が最

初（で最後？）では？　在日ソマリランド大使館があるなら、高野さんに国民勲章くらい叙勲すべきだ。また、納豆が日本独自の食材だと思い込んでいた石頭の国粋主義者たちちは納豆の藁苞の角に頭をぶつけて死んでしまうといい！

本作でもそんな高野さんの冴えた言葉が全編にあふれている。

「素材の味を生かしすぎるタイの田んぼフーズ」

「まるで満杯のゴキブリホイホイをオーブンで焼き上げたかのよう」

「完全オーガニックなお洒落ネズミ・ランチ」

「店で出される料理としては世界で最も臭いと思われる韓国のアンモニア・スパークリング・エイ料理」

「水牛頭丸ごとプディング」「ただ脳味噌はとります（中略）酸っぱくなるから」

「もはや、ヘンな食べ物探索は私のライフワークである」

おっと、こんなに刺激的なフレーズばかり書き連ねると、高野さんがゲテモノだけを食べ続けているように見えてしまうが、中には誰が読んでも美味しそうな料理ももちろん出てくる。

タイ北部の国境近くのバスターミナルで手に入れた竹筒餅米ご飯、カオラムはココナッツミルクで炊いた餅米の爽やかな味が、まわりの風景を描いた旅情あふれる文章とともに綴られている。大久保にあるタイ料理店の名物メニュー「爆発ナマズ」も「世界のどこに出しても恥ずかしくない」との褒めよう。手前味噌だが、僕が調理したトルコのカイセリマントゥは、阿佐ヶ谷のクッキングスタジオ「コトラボ」での僕の料理教室で最も人気の高いメニューでもある。

文の端々から高野さんの行動原理がかいま見えるのも楽しい。カンボジア中部のバスターミナルで、物売りの女性たちが頭の上にかかげたザルの上に体長10㎝もある巨大グモの素揚げが山盛りなのを見つけた彼は、「思わずバスを降りた」。普通、降りないって（笑）！！

また新宿で美人編集者に案内された店で、お皿の中にチャバネゴキブリを見つけた彼は、編集者に恥をかかせないために、「何食わぬ顔をして、ゴキブリをスパゲッティと一緒に食べた」。普通、食べないって！！！

こんなブチ切れた行動原理を持つ高野さんを前にしては、自分がどうにも普通のつまらない人間に思えてしまうではないか！

彼自身が意識して書いているのかはわからないが、本作には後々どこかで引用したくなるような含蓄ある言葉がいくつもちりばめられている。

「ゲテモノ系の食品は『何を食べたか』が常に話題とされるが、私の経験では、『どうやって』が重要だ」

「私の百戦は『錬磨』でなく『連敗』だ（中略）何度も同じ間違いをするのが私の特徴だ」

「（カンさんが）まるで野蛮人のように見えた。私も長らくゲテモノを食ってきたが、食べられない人からはこのように見られていたのかと初めて思い至った」

そして、極めつけは「はじめに」の冒頭にあるこの言葉だ。

「子供の頃から胃腸が弱く、好き嫌いも多かった」

要は最初から敗北を宣言しているのだ。それでも、特殊漫画家の根本敬さんの言葉で言えば、「でも、やるんだよ！」、高野さんの場合は「でも、喰らうんだよ！」だ。（時に疑問符付きの）美味そうなものを前にして、胃腸の弱さなど気にしてはいられないほど、高野さんは業が深いのだ。

「見たらわかるでしょ！　そんなの食べたら死んじゃうよ‼」と歌舞伎町の中華料理店で年齢不詳な美人店長に言われても、その前に口に入れてしまっているのだから仕方ない。

ところで、今年はコロナ禍に覆われた前代未聞の年となった。頻繁に行ってきた海外取材をインプットの場、同時に息抜きの場としてきた僕や高野さんにとっては本当に厳しい試練の時だ。そんな中でも彼は素早い動きを見せた。インターネット上に「高野秀行辺境チャンネル」を開設し、仲間たちを巻き込んで有料の動画配信サービスをスタートしたのだ。毎回、これまでの著作一冊ずつにフォーカスし、本に載せられなかったことも写真や動画を使ってオンライン番組にするそうだ。

実は僕もこの9月から中東料理教室や長年取材してきた写真や動画を用いたワールドミュージックのレクチャーを行う会員制のオンラインサロンを始めたところだ。こうした有料のウェブサービスがフリーランスの物書き（要はグルメ作家？　って、くどい？）の生活にどれほど貢献するかは未知数だが、コロナウィルスの収束が見えない限り、何か新しいことを始めないわけにはいかない。

最後に僕から高野さんに一つ提案がある。それは辺境メシのプロデュースである。「ライムとミョウガとゆずが合わさったような」タガメソースで和えた冷奴や、缶ビールでアヒル肉を炒める啤酒鴨、カエル丸ごとジュースなど、ぜひ日本でも食べられる場所を作ってもらえないだろうか。

「ヤバそうだからぜひ食べたい」のだ！

２０２０年９月14日

（ＤＪ／中東料理研究家　www.chez-salam.com）

単行本　二〇一八年十月　文藝春秋刊
装丁・本文デザイン　アルビレオ
ＤＴＰ制作　エヴリ・シンク

文春文庫

辺《へん》境《きょう》メシ
ヤバそうだから食《た》べてみた

定価はカバーに
表示してあります

2020年11月10日　第1刷

著　者　高《たか》野《の》秀《ひで》行《ゆき》
発行者　花田朋子
発行所　株式会社　文藝春秋

東京都千代田区紀尾井町 3-23　〒102-8008
TEL 03・3265・1211㈹
文藝春秋ホームページ　http://www.bunshun.co.jp

落丁、乱丁本は、お手数ですが小社製作部宛お送り下さい。送料小社負担でお取替致します。

印刷製本・凸版印刷
Printed in Japan
ISBN978-4-16-791599-5

（　）内は解説者。品切の節はご容赦下さい。

石井好子・水森亜土
料理の絵本　完全版
シャンソン歌手にして名エッセイストの石井好子さんの絶品レシピに、老若男女の心をわしづかみにする亜土ちゃんのキュートなイラスト。卵、ご飯、サラダ、ポテトで、さあ作りましょう！
い-10-3

石井好子
パリ仕込みお料理ノート
とろとろのチーズトーストにじっくり煮込んだシチュー……パリで「食いしん坊」に目覚めた著者の、世界中の音楽の友人と、忘れがたいお料理に関する美味しいエッセイ。　（朝吹真理子）
い-10-4

飯窪敏彦　写真・文
日本全国
ソウルフードを食べにいく
帯広豚丼・仙台冷し中華・博多うどんから、ハントンライス・えびめし・白熊まで、その土地でしか味わえない、愛すべきソウルフード。帰郷したときいの一番に食べたい味、大集合！
い-96-1

海老沢泰久
美味礼讃
彼以前は西洋料理だった。彼がほんもののフランス料理をもたらした。その男、辻静雄の半生を描く伝記小説——世界的な料理研究家辻静雄は平成五年惜しまれて逝った。　（向井　敏）
え-4-4

小倉明彦
実況・料理生物学
「焼豚には前と後ろがある」『牛乳はなぜ白い？」など食べ物に対する疑問を科学的に説明するだけでなく、実際に学生と一緒に料理をして学ぶ、阪大の名物講義をまとめた面白科学本。
お-70-1

季刊「新そば」編
そばと私
半世紀以上の歴史を誇る「新そば」に掲載された「そば随筆」の中から67編を集める。秋山徳蔵、赤塚不二夫、永井龍男、若尾文子など、日本を代表する人々のそば愛香る決定版。
き-43-1

（　）内は解説者。品切の節はご容赦下さい。

里見真三
すきやばし次郎 旬を握る
前代未聞！　パリの一流紙が「世界のレストラン十傑」に挙げた江戸前握りの名店の仕事をカラー写真を駆使して徹底追究。本邦初公開の近海本マグロ断面をはじめ、思わず唸らされる。
さ-35-1

高山なおみ
帰ってから、お腹がすいてもいいようにと思ったのだ。
高山なおみが本格的な「料理家」になる途中のサナギのようなころの、落ち着かなさ、不安さえ見え隠れする淡い心持ちを綴ったエッセイ集。なにげない出来事が心を揺るがす。（原田郁子）
た-71-1

西　加奈子
ごはんぐるり
カイロの卵かけごはんの記憶、「アメちゃん選び」は大阪の遺伝子、ひとり寿司へ挑戦、夢は男子校寮母…幸せな食オンチの美味しオカしい食エッセイ。竹花いち子氏との対談収録。
に-22-4

林　望
イギリスはおいしい
まずいハズのイギリスは美味であった!?　嘘だと思うならご覧あれ――イギリス料理を語りつつ、イギリス文化の香りも味わえる日本エッセイスト・クラブ賞受賞作。文庫版新レセピ付き。
は-14-2

平松洋子
世の中で一番おいしいのはつまみ食いである
キャベツをちぎる、鶏をむしる、トマトをつぶす……手を使って料理すると驚くほどおいしくなる。料理にとって「手」がいかに重要かを楽しく綴った料理エッセイ集。（穂村　弘）
ひ-20-1

平松洋子
忙しい日でも、おなかは空く。
うちに小さなごちそうがある。それだけで、今日も頑張れる気がした。梅干し番茶、ちぎりかまぼこ……せわしない毎日にもじんわりと沁みる、49皿のエッセイ。（よしもとばなな）
ひ-20-2

文春文庫　食のたのしみ

（　）内は解説者。品切の節はご容赦下さい。

サンドウィッチは銀座で
平松洋子　画・谷口ジロー

春は山菜、夏はうなぎ、秋は座敷で鍋を囲み、冬は山荘で熊料理！　飽くなき好奇心と胃袋で〝いまの味〟を探し求めた絶品エッセイと、谷口ジローによる漫画のおいしい競演。

ひ-20-3

ステーキを下町で
平松洋子　画・谷口ジロー

豚丼のルーツを探して帯広へ飛び、震災から復活した三陸鉄道うに弁当に泣き、東京下町では特大ステーキに舌鼓を打つ。かけがえのない味を求め、北から南まで食べ歩き。（江　弘毅）

ひ-20-4

ひさしぶりの海苔弁
平松洋子　画・安西水丸

このおいしさはなんですか。新幹線で食べる海苔弁の魅力、油揚げが人格者である理由、かまぼこ板の美学。食を愉しみ、食を哲学する名エッセイ。安西水丸画伯のイラストも多数収録。

ひ-20-6

あじフライを有楽町で
平松洋子　画・安西水丸

由緒正しき牛鍋屋、鯨の食べ比べに悶絶、パリのにんじんサラダの深さと濃さ。どこまでも美味しい世界にご招待！　「週刊文春」の人気連載をまとめた文庫オリジナル。（戌井昭人）

ひ-20-7

肉まんを新大阪で
平松洋子　画・下田昌克

「ぶたまん」の響きは、聞いたそばから耳がとろけそう――うれしい時もかなしい時も読めば食欲が湧いてくる週刊文春の人気エッセイ76篇を収録した文庫オリジナル。（伊藤比呂美）

ひ-20-8

食べる私
平松洋子

食べ物について語れば、人間の核心が見えてくる。デーブ・スペクター、ギャル曽根、田部井淳子、宇能鴻一郎、渡部建、樹木希林など29人と平松洋子による豊かな対話集。（岩下尚史）

ひ-20-9

（　）内は解説者。品切の節はご容赦下さい。

平松洋子　画・下田昌克
かきバターを神田で
冬の煮卵、かきバター焼定食、山形の肉そば、ひな鳥の素揚げ、ちぎりトマトにニッキコーヒー。世の中の美味しいモノを伝え悶絶させてくれる人気エッセイ、文庫オリジナル。（堂場瞬一）
ひ-20-10

福田里香
まんがキッチン
料理まんがじゃないのに食べ物を描いてしまう。そんな漫画とお菓子への愛情が詰まったレシピ集。人気漫画家の萩尾望都、くらもちふさこ、羽海野チカ、よしながふみとの豪華対談も。

ふ-38-1

穂村　弘
君がいない夜のごはん
料理ができず味音痴……という穂村さんが日常の中に見出した「かっこいいおにぎり」や「逆ソムリエ」。独特の感性で綴る「食べ物」に関する58編は噴き出し注意！（本上まなみ）
ほ-13-4

森下典子
いとしいたべもの
できたてオムライスにケチャップをかけて一口食べた瞬間、懐かしい記憶が甦る——たべものの味には、思い出という薬味がついている。絵と共に綴られた23品の美味しいエッセイ集。

も-27-1

森下典子
こいしいたべもの
母手作りの甘いホットケーキなど、味の記憶をたどると胸いっぱいになった事はありませんか？　心が温まる22品の美味しいカラーイラストエッセイ集。『いとしいたべもの』続編！

も-27-2

米原万里
旅行者の朝食
ロシアのヘンテコな缶詰から幻のトルコ蜜飴まで、古今東西の美味珍味について蘊蓄を傾ける、著者初めてのグルメ・エッセイ集。人は「食べるためにこそ生きる」べし！（東海林さだお）
よ-21-2

（　）内は解説者。品切の節はご容赦下さい。

星野道夫
長い旅の途上
シベリアで取材中、クマに襲われて亡くなった著者が残した76篇のエッセイ。過酷な大地を見守り続けた写真家が綴った、人間と自然が織りなす緊張感に満ちた優しい眼差しと静謐な世界。

ほ-8-2

星野道夫
魔法のことば
自然と旅を語る
アラスカに魅了されて大自然と動物、人々の暮らしを撮りつづけた星野道夫が、青春の日々からアラスカの四季、人々の叡智までを語った全十本の講演集。カラー写真多数収録。（池澤夏樹）
ほ-8-3

星野道夫
森と氷河と鯨
ワタリガラスの伝説を求めて
アラスカに伝わる〝ワタリガラスの神話〟に惹かれて始まった旅は、偶然の出会いから、思いがけず遠大な帰郷の航海になった。星野道夫が遺した魂の旅の記録。カラー写真満載。（池澤夏樹）
ほ-8-4

村上春樹・吉本由美・都築響一
東京するめクラブ
地球のはぐれ方
村上隊長を先頭に、好奇心の赴くまま「ちょっと変な」所を見てまわった、トラベルエッセイ。挑んだのは魔都・名古屋、誰も知らない江の島、ゆる〜いハワイ、最果てのサハリン……。

む-5-8

横尾忠則
インドへ
ビートルズに触発され、三島由紀夫に決定づけられて訪れたインド。芸術家の過敏な感性をコンパスとして、宇宙と自己、自然と芸術を考える異色旅行記。カラー口絵二十三ページ付。

よ-2-1

エリオット・ヘスター（小林浩子　訳）
機上の奇人たち
フライトアテンダント爆笑告白記
高度三万フィートの密室、飛行機でとんでもない乗客（時には乗務員）が起こす騒動とは!?　体臭ふんぷんたる夫婦、反吐をまき散らす子供、ＳＥＸに励む二人……爆笑トラベルエッセイ。
へ-5-1

（　）内は解説者。品切の節はご容赦下さい。

村上春樹
ラオスにいったい何があるというんですか？
紀行文集
ボストンの小径とボールパーク、アイスランドの自然、フィンランドの不思議なバー、ラオスの早朝の僧侶たち、そして熊本の町と人びと――旅の魅力を描き尽くす、待望の紀行文集。
む-5-15

村田沙耶香
きれいなシワの作り方
淑女の思春期病
初めての皺に白髪、通販の誘惑、自意識過剰とSNS、迫る「産むか産まないか」問題、最後のセックス考……これが大人の「思春期」？　悩み多きアラサー芥川賞作家の赤裸々エッセイ。
む-16-2

山崎豊子
『大地の子』と私
胡耀邦総書記との中南海での異例の会見、労働改造所、未開放地区への初めての取材、「三度捨てないで！」と叫ぶ戦争孤児たち……日本中を涙と感動でつつむ『大地の子』取材執筆の秘話。
や-22-5

山内マリコ
買い物とわたし
お伊勢丹より愛をこめて
週刊文春の人気連載「お伊勢丹より愛をこめて」が書き下ろしを加えて一冊に。蚤の市で買ったお皿からハイブランドのバッグまで、カラーイラスト満載で紹介するお買い物エッセイ。
や-62-1

吉村　昭
街のはなし
食事の仕方と結婚生活、茶色を好む女性の共通点、街ですれ違う気になる人、旅先でよい料理屋を見つける秘訣……。温かく、時に厳しく人間を見つめる極上エッセイ七十九篇。（阿川佐和子）
よ-1-34

吉村　昭
ひとり旅
終戦の年、空襲で避難した谷中墓地で見た空の情景、小説家を目指す少年の手紙、漂流記の魅力について――事実こそ小説であるという著者の創作姿勢が全篇にみなぎる、珠玉のエッセイ。
よ-1-47

（　）内は解説者。品切の節はご容赦下さい。

安野光雅
絵のある自伝
昭和を生きた著者が出会い、別れていった人々との思い出をユーモア溢れる文章と柔らかな水彩画で綴る初の自伝。心温まる追憶は時代の空気を浮かび上がらせ、読む者の胸に迫る。
あ-9-7

阿川佐和子
いつもひとりで
ジャズ、エステ、旅行に食事。相変わらずパワフルに日々を送るアガワの大人気エッセイ集。幼い頃の予定を大幅に変更して今後は「いつもひとり」の覚悟をしつつ……？（三宮麻由子）
あ-23-12

阿川佐和子
「聞く力」文庫2
アガワ随筆傑作選
今度は「語る力」です！　お嫁さんを夢見る少女が日本を代表する仕事人になるまで、エッセイで辿るアガワの激動（？）の人生。秘蔵写真公開。（中江有里）
あ-23-23

浅田次郎
君は嘘つきだから、小説家にでもなればいい
裕福だった子供時代、一家離散の日々で身につけた習慣、二人の母のこと、競馬、小説。作家・浅田次郎を作った人生の諸事が綴られた文章に酔いしれる、珠玉のエッセイ集。
あ-39-14

浅田次郎
かわいい自分には旅をさせよ
京都、北京、パリ……誰のためでもなく自分のために旅をし、日本を危うくする「男の不在」を憂う。旅の極意と人生指南がつまった、笑いと涙の極上エッセイ集。幻の短篇、特別収録。
あ-39-15

安野モヨコ
食べ物連載
くいいじ
激しく〆切中でもやっぱり美味しいものが食べたい！　昼ごはんを食べながら夕食の献立を考える食いしん坊な漫画家・安野モヨコが、どうにも止まらないくいいじを描いたエッセイ集。
あ-57-2

朝井リョウ
時をかけるゆとり
カットモデルを務めれば顔の長さに難癖つけられ、マックで休憩すれば黒タイツおじさんに英語の発音を直され。『学生時代にやらなくてもいい20のこと』改題の完全版。（光原百合）
あ-68-1